교과서에서 쏙쏙 뽑은 초등 필수 어휘

① 이름하는 낱말: 명사

교과서에서 쏙쏙 뽑은 초등 필수 어휘

① 이름하는 낱말: 명사

1판 1쇄 발행일 2017년 2월 8일 • **1판 6쇄 발행일** 2021년 12월 31일
글 김일옥, 오진원, 정혜원 • **그림** 김지원, 김희경 • **어휘 선정 및 감수** 우경숙, 위우정, 이동현
펴낸이 김태완 • **편집주간** 이은아 • **책임편집** 진원지 • **편집** 조정우 • **디자인** 안상준 • **마케팅** 최창호, 민지원
펴낸곳 (주)도서출판 북멘토 • **출판등록** 제6-800호(2006. 6. 13.)
주소 03990 서울시 마포구 월드컵북로6길 69(연남동 567-11) IK빌딩 3층
전화 02-332-4885 **팩스** 02-6021-4885
bookmentorbooks__   bookmentorbooks   bookmentorbooks@hanmail.net

ⓒ 김일옥, 오진원, 정혜원, 김지원, 김희경 2017

※ 잘못된 책은 바꾸어 드립니다.
※ 이 책은 저작권법에 따라 보호를 받는 저작물이므로 무단전재와 무단복제를 금합니다.
   이 책의 전부 또는 일부를 쓰려면 반드시 저작권자와 출판사의 허락을 받아야 합니다.

ISBN 978-89-6319-219-2 74700
     978-89-6319-218-5 74700 세트

이 도서의 국립중앙도서관 출판예정도서목록(CIP)은 서지정보유통지원시스템 홈페이지(http://seoji.nl.go.kr)와 국가자료공동목록시스템(http://www.nl.go.kr/kolisnet)에서 이용하실 수 있습니다.
(CIP제어번호: CIP2017000823)

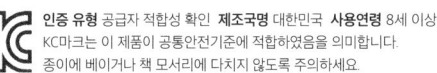

인증 유형 공급자 적합성 확인 **제조국명** 대한민국 **사용연령** 8세 이상
KC마크는 이 제품이 공통안전기준에 적합하였음을 의미합니다.
종이에 베이거나 책 모서리에 다치지 않도록 주의하세요.

교과서에서 **쏙쏙** 뽑은

초등 필수 어휘

1. 이름하는 낱말 명사

글 김일옥·오진원·정혜원 | **그림** 김지원·김희경
어휘 선정·감수 우경숙·위우정·이동현

북멘토

이렇게 만들었어요

- 표제어 : 초등 1~6학년 교과서에 등장하는 어휘를 수집해, 그 안에서 가장 자주 등장하는 300여 개의 단어를 현직 초등학교 선생님들이 직접 선별했어요.
- 발음기호 : 말소리와 기호가 다른 경우 발음기호를 표시해 발음이 낯선 학생이나 다문화 학생들도 쉽게 읽을 수 있게 안내했어요.
- 뜻풀이 : 국립국어원의 표준국어대사전 뜻풀이를 기본으로 하되 초등학생의 눈높이에 맞게 보다 쉽게 풀어썼어요.
- 한자어 : 한자 교육이 강화되는 우리 현실에 맞게 한자어에는 한자를 표기했어요.

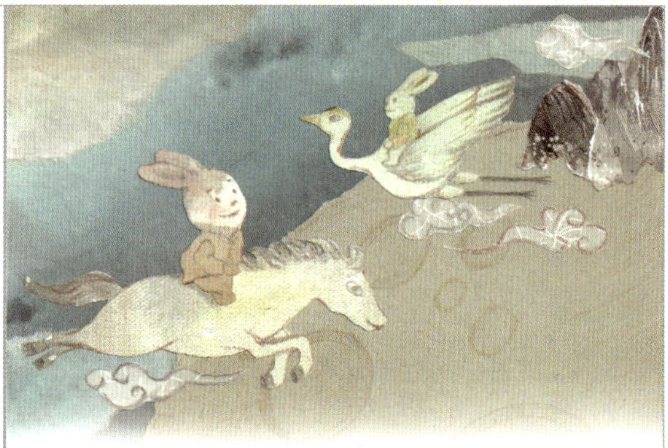

- 이야기 속에 낱말의 의미·어원·활용 등을 담았어요.
- 어려운 낱말은 추가로 설명하고 있어요.

- 익살스럽고 유쾌한 그림들이 이야기 읽는 재미를 더해 줘요.
- 앞에서 배운 낱말이 일상에서 어떻게 쓰이는지 생활 속 표현을 통해 복습해요.
  비슷한 말과 반대말, 관련된 속담 등을 더 알아봐요.

이 책을 펼친 어린이 여러분께

어휘력을 길러 주는 이야기책

국어를 잘하려면 어휘를 많이 알아야 한다고들 해요. 그런데 어휘는 국어 공부에만 필요한 게 아니지요. 내가 하고 싶은 말이 있을 때도 어휘를 많이 알면 훨씬 정확하게 전할 수 있어요. 다른 사람 이야기를 들을 때도 마찬가지예요. 갑자기 모르는 어휘가 나오면 순간 머리가 멍해지기도 해요. 대충 알아듣긴 해도 뭔가 허전한 느낌이 들고요. 그러니 어휘란 단순히 국어 공부를 잘하기 위해서가 아니라 가족, 친구 등 주위 사람들과 좀 더 잘 소통하기 위해 꼭 필요한 것이라 할 수 있어요.

그럼 어휘를 많이 알기 위해서는 어떻게 해야 할까요? 국어사전이나 어휘집 등을 열심히 보면 될까요?

어휘의 정확한 뜻을 확인하고 싶을 때 국어사전이나 어휘집은 분명 도움이 돼요. 하지만 때로는 국어사전이나 어휘집에 실린 설명이 우리를 더 혼란스럽게 해요. 알듯 말듯 더 어렵게 느껴지게 하거든요.

예를 들어 볼까요? 사전에서 '어휘'의 뜻을 찾으면 "어떤 일정한 범위 안에서 쓰이는 낱말의 수효 또는 낱말의 전체"라고 나와 있어요. 자주 쓰는 단어라도 그 뜻을 쉽게 설명할 수 있는 사람은 많지 않아요. 그렇다고 뜻을 모르는 건 아니지만요. '어휘'라는 단어도 마찬가지일 거예요. 하지만 사전의 뜻풀

이만으로는 '어휘'의 뜻을 알고 있던 사람도 혼란스러워질 거예요.

왜일까요? 국어사전이나 어휘집은 뜻을 개념어로 간단하게 풀이해요. 개념어란 일상생활에서는 잘 쓰지 않는, 이론적인 설명에만 쓰이는 말들이에요. 따라서 이런 식의 뜻풀이로 어휘력을 넓히기는 참으로 어렵지요.

평상시 어휘력을 기르는 가장 좋은 방법은 일상생활에서 어휘가 어떤 식으로 쓰이는지를 경험하는 거지요. 마치 우리가 처음 말을 배울 때 사전의 뜻풀이 없이도 잘 배웠던 것처럼요.

우리는 하나의 어휘라도 상황과 문맥에 따라 뜻이 다르게 쓰인다는 걸 알고 있어요. 또 비슷한 뜻을 지닌 여러 가지 어휘가 상황과 문맥에 따라 다르게 쓰인다는 것도 알고 있고요. 어휘 하나하나의 뜻은 중요하지만 때로는 전체 맥락에서 그 뜻을 받아들여야 할 때도 있지요.

그래서 어휘를 익힐 때는 어휘 하나만 뚝 떼어내서 뜻을 이해하기보다는 구체적인 상황에서 어떻게 쓰이는지를 살펴보는 것이 가장 좋답니다. 이런 점에서 어휘력을 넓히기 위해 이야기만큼 좋은 건 없습니다. 확실하게 감이 오지 않던 뜻도 이야기로 보면 구체적인 상황 속에서 현실감 있게 받아들이게 되지요. 이야기로 받아들이면 오랫동안 기억할 수 있을 뿐 아니라 문맥에 따

라 달라지는 쓰임새까지 자연스럽게 익힐 수 있어요.

그래서 우리는 다양한 이야기로 우리말 사전을 만들었습니다. 어휘의 다양성을 이야기 속에 담았습니다. 그 어휘가 가지고 있는 유래, 용도에 따라 다른 쓰임, 가끔씩은 재미있는 문화와 역사까지도 이 책에 담으려고 노력했습니다.

부디 이 책이 어린이 여러분의 어휘력을 향상시키는 데 조금이나마 도움이 되길 바랍니다.

김일옥, 오진원, 정혜원

이 책을 함께 보실 부모님·선생님께

초등 어휘는 삶과 공부의 첫 단추

읽을 수는 있지만 이해하지 못하는 아이들

아이들이 말과 글을 깨치는 과정을 볼 때마다 얼마나 신통하고 기특한지 모릅니다. 모르던 말을 처음 배우고 나서 틈날 때마다 써먹으려 애쓸 때 아이들은 얼마나 의욕적인지, 저절로 뿌듯해져 마음이 벅차 오지요. 아이들이 어느새 새로 익힌 말의 주인이 되었으니 말입니다. 아는 단어를 친구에게 설명하려고 자기의 언어로 묘사하거나 비슷한 단어를 끌어들일 때 아이는 이미 언어세계에 한 걸음 들어선 것입니다.

초등 시기에 국어 능력은 모든 과목의 바탕이 되는 만큼 가장 중요합니다. 그런데 초등 3학년 때 교과목이 분과되면서부터 아이들은 학습에서 읽기 부진 등으로 곤란을 겪기 시작합니다. 즉 학습 내용을 읽어도 뜻과 맥락을 몰라 실제 알아낸 내용이 없는 경우가 많습니다. 처음 배우는 학습 내용을 모르는 어휘를 통해 이해하자니 이중고에 허덕일 밖에요.

추상성을 지닌 학습 용어뿐 아니라 감정을 드러내는 어휘의 빈곤도 심각한 수준입니다. 예를 들면 "인물의 기분은 어떨까요?"라는 질문에 "좋아요" 또는 "찝찝해요"로만 답하는 아이가 있습니다. 자신의 감정을 표현하는 어휘를 풍부하게 골라낼 수 있는 단계에 아직 이르지 못했기 때문

일 겁니다. 결국 어휘력의 빈곤은 사고력의 빈곤, 표현력의 빈곤으로 이어지니 점점 문제 해결이 어려워집니다. 반면 어휘력이 풍부한 아이라면 초등 3학년 시기는 학습이해력·적용력·표현력이 한껏 꽃피는 시작점입니다.

그러니 어휘 교육이 가장 중요한 시기는 초등 시기 전반이라고 볼 수 있습니다.

무색 무취의 어휘를 오감으로 체득하는 법, 이야기

어휘력을 늘리려면 어떤 환경이 필요할까요? 어떤 단어는 한마디 말로 뚝딱 표현하기도 어려운 데다 사전을 찾아봐도 확 와 닿지 않을 때가 있습니다. 그때 "전에 네가 달리기 시합 하고 나서 말이야, 기운이 없어서 움직일 힘도 없다고 했잖아? 그런 상태를 '기진맥진'이라고 한단다"라고 말해 주면 아이는 "아하!" 하고 끄덕입니다. 이것이 바로 이야기의 힘입니다.

이야기로 멍석을 깔아 준다면 연결 짓기가 절로 됩니다. 아이가 겪은 현실의 사건을 매개로, 아니면 아이가 알 법한 이야기에서 상황과 맥락을 끌어들여 새로운 낱말을 연결 짓는 거지요. 이야기는 흩어진 어휘들을 알알이 꿰어 줍니다. 이야기를 읽으며 따라가다 보면 저절로 어휘 찾기에 다다르게 되는 겁니다.

유쾌한 과정을 거쳐 배우면 인지효과가 오래간다는 학습이론이 있습니다. '도꼬마리'를 사전적 뜻만 알고 그친 아이에 비해, 자연 속에서 도꼬마리를 만져 보거나 혹은 도꼬마리가 들어간 옛이야기(「꽁지 닷 발 주둥이 닷 발」)를 읽어 보면 자기 삶의 맥락 안에 새로운 어휘 하나가 자리 잡게 됩니다. 추상성을 가진 어휘라도 이야기 속에서 제구실을 하는 장면으로 만나면 한결 이해가 쉽습니다. 말하자면 어휘에 대한 사전 경험이 제대로 형성되는 것이지요.

300여 편의 이야기로 익히는 초등 교과서의 필수 어휘

국어과 교육에서는 점점 맥락의 이해가 강조되고 있습니다. 단편적인 어휘도 중요하지만 그것들을 하나로 꿰어 차려면 무엇보다 말과 글의 맥락을 알아야 합니다. 낱낱이 단어 암기하듯이 배워서는 더딜뿐더러 안정적이지도 않습니다. 우리말을 풍부하게 부려 쓸 줄 아는 바탕에서야 자

신의 배움을 말과 글로 드러낼 수 있습니다.

어휘가 풍부해지면 말귀가 열리고 말문이 트입니다. 나를 드러내는 말로 남과 소통할 수 있습니다. 듣는 힘, 말하는 힘, 읽는 힘, 쓰는 힘은 서로 별개가 아니며 그중 어느 하나도 어휘와 관련 없이는 어렵습니다. 어휘는 매일 밥을 먹듯 차곡차곡 익히는 것입니다.

이 책에는 보물지도 같은 이야기가 가득합니다. 세 권으로 구성된 이 시리즈는 초등 교과서의 필수 어휘들을 추려 내어 명사 편, 동사·부사·형용사 편, 관용구·속담 편으로 엮었습니다.

이 책을 통해 우리 아이들이 이야기라는 보물창고에 들어가 어휘를 든든히 익히게 되길 바랍니다. 익히고 익혀 자신을 이해하고 세상을 이해하는 너른 멍석을 깔기를 바랍니다.

우경숙, 위우정, 이동현

차례

ㄱ
- 가을걷이 — 텃밭이 달라졌어요 … 16
- 감상 — 나는 왜 그 책을 좋아하게 됐을까 … 18
- 경계심 — 겁쟁이가 아니야, 조심성이 많은 거야 … 21
- 경험 — 헬렌 켈러를 만든 한마디 말 … 24
- 고장 — 고장 난 하루 … 26
- 곤란 — 왜 다들 나한테 그래 … 29
- 공유 — 기쁨을 나눌 수 없다면 … 32
- 공익광고 — 어린이에게 선거권을 … 34
- 관련 — 러브레터의 주인공을 찾아라 … 37
- 구상 — 엄마는 공부 중 … 40
- 군침 — 내 사랑, 아귀찜 … 43
- 권리 — 더 좋은 운동화를 신을 자격 … 45
- 근심 — 이래도 저래도 걱정이야 … 47
- 까닭 — 거북은 왜 등에 집을 지고 다니나 … 49
- 꾀 — 100살 토끼의 장수 비결 … 52

ㄴ
- 나비잠 — 아기는 나비잠, 아빠는 새우잠 … 55
- 난간 — 난간 하나가 뭐라고 … 58
- 눈독 — 탐나는 걸 어떻게 해 … 61

ㄷ
- 단위 — '한 근'의 미스터리 … 65
- 동아줄 — 영차기 영차, 줄다리기 … 69
- 뒤풀이 — 함께 뛰고 나서 함께 먹는 밥은 꿀맛 … 72

	뒷전	놀기만 해도 바쁜데 책이라니요	75
	등받이	의자를 고를 때 제일 중요한 것	78
	땔감	눈길 위의 세 소년	81
ㅁ	맏이	첫째라는 이유만으로	83
	말버릇	안 들킬 자신이 있다고	86
	매체	메시지를 전달하는 배달부	88
	몰두	정말로 몰랐다니까	91
	물보라	푸르게 몰려와 하얗게 부서지네	94
	물장구	텀벙텀벙 첨벙첨벙	97
	미닫이	옆으로 밀어서 열어요	100
	반나절	낮의 $\frac{1}{4}$	103
ㅂ	발명	전구의 탄생	106
	보람	힘들긴 해도 기분이 좋아	109
	보름	어른이 되기엔 짧은 시간	112
	부담	어깨가 무거워	115
	부리	누구의 말이 옳은가	118
	분실물	잃어버린 떡을 찾아서	121
	분위기	공기의 표정	124
	비늘	은빛 갑옷	127
	뻐드렁니	토끼처럼 귀여워	129

ㅅ

상황	조심, 조심, 불조심	132
샅바	불꽃 튀는 신경전	135
서리	신통이의 시골 가을밤	138
속셈	뛰는 이리 위에 나는 여우 있다	141
수거	재활용에 대해 생각하다	144
숨구멍	숨이 들고 나는 길	146
시늉	진짜 친구를 알아보는 법	149
시청	드라마에 빠진 아빠	151
신세	지네 아내	153
실감	이제야 알겠어	156
실망	우정이 고작 이런 거야	159
쓸모	경우에 따라 달라요	161

ㅇ

안목	세상에서 가장 값진 도자기	164
야단법석	시끌시끌 북적북적	167
엉겁결	나도 모르게 튀어나온 말	170
연료	지구가 뜨거워요	173
예보	우산을 깜빡해도 즐거운 날	177
요양	온 가족의 힐링 타임	180
요청	생쥐님, 곡식 좀 빌려주세요	183
원인	내가 환경오염의 주범이라니	186
응석	삼촌은 어리광쟁이	189
의도	봉이 김선달의 속마음	192
의식	가족 의식의 출발	195

	이듬해	상우가 태어난 해	198
	인상	두 얼굴의 사나이	201
ㅈ	장면	찰칵, 눈에 담긴 광경	204
	재주	하나만 잘해도 충분한 이유	207
	저작권	애국가 부를 때 돈을 내야 한다고?	210
	조립	블록이 모여 로봇 짠	213
	짜임	부분과 전체	216
	처지	놀부의 입장에서 생각해 보기	219
ㅊ	천지	문 둘레에 가득 피어난 민들레	222
	청정	바닷속이 환히 들여다보여	224
	추측	아마도 그랬을 거야	226
	충고	진솔하고 용감한 말	228
	치장	누가 제일 예쁠까	231
ㅋ	콩깍지	할머니 눈에 콩깍지	234
ㅍ	품삯	부잣집 며느리 선발 대회	236
	풋콩	엄마의 군것질	239
ㅎ	항아리	시작도 하기 전에 끝난 장사	242
	해돋이	안녕하세요, 해님	245
	허드렛일	힘들지만 눈에 잘 안 띄는 일	247
	후원	두 친구	250

이렇게 만들었어요 … 4
이 책을 펼친 어린이 여러분께 … 5
이 책을 함께 보실 부모님·선생님께 … 8

가을걷이
[가을거지]

가을에 익은 곡식을 거두어들임.

 텃밭이 달라졌어요

정민이네는 올해 처음으로 텃밭 농사를 시작했습니다.

엄마가 텃밭 농사를 지어 보자고 했을 땐 정민이도 정말 신났습니다. 유치원 다닐 때 가 본 텃밭을 떠올렸기 때문이었습니다. 처음 심을 때 한 번, 중간에 한 번, 그리고 거둘 때 한 번, 이렇게 딱 세 번만 가서 배추며 고구마를 캐 왔거든요. 그런데 막상 텃밭 농사를 시작하자 신이 나기는커녕 짜증만 났습니다.

"텃밭 농사를 하면서 차를 타고 다니면 재미가 없지."

엄마는 걸어서 30분이나 되는 거리를 늘 걸었습니다. 날이 더워지기 시작하자 농사일은 점점 더 힘이 들었습니다.

정민이는 '이번 주엔 어떻게 하면 텃밭에 안 갈 수 있을까?'만 궁리하게 됐습니다. 결국 장마가 시작되면서 정민이는 더 이상 텃밭에 가지 않아도 됐습니다. 엄마가 그렇게 싫으면 가지 말라고 했거든요.

추석이 지났습니다. 날씨도 시원해졌습니다. 정민이는 텃밭이 어떻게 **달라졌는지** 궁금해졌습니다. 하지만 텃밭에 가겠다고 말하기는 곤란했습니다. 싫다고 한 게 언제인데 변덕쟁이처럼 보이긴 싫었습니다.

그러던 어느 날이었습니다.

"이번 토요일에는 텃밭 가을걷이를 할 거야. 이번엔 다 같이 가는 거다!"

엄마, 아빠, 정민이, 누나까지 네 식구가 모두 텃밭에 가서 그동안 농사지은 것들을 수확하기로 했습니다. 주위엔 정민이네처럼 가을걷이를 하러 온 사람들이 많았습니다.

그사이 텃밭은 완전히 달라졌습니다. 고추 하나하나에 버팀대를 대 놓은 것이 보였습니다. 엄마가 그동안 얼마나 정성껏 텃밭을 가꿨는지 알 것 같았습니다.

정민이는 비닐 봉투에 하나 가득 고추를 땄습니다. 엄마는 고기를 먹을 때 고추장에 찍어 먹어야겠다며 풋고추도 따고, 나물을 해 먹는다고 고춧잎도 땄습니다.

드디어 밥 먹을 시간! 밭에서 딴 풋고추, 깻잎에 싸 먹는 고기는 정말 꿀맛이었습니다. 이렇게 가을걷이가 풍성하고 신이 나는 줄 알았으면 투정 같은 건 부리지 말걸 그랬습니다.

집으로 돌아가는 길, 정민이는 하늘을 올려다봤습니다. 구름 한 점 없이 높은 가을 하늘입니다.

예 가을이 되자 농부들은 가을걷이에 눈코 뜰 새 없이 바빴다.
비 추수

감상 感想   마음속에서 일어나는 느낌이나 생각.

 나는 왜 그 책을 좋아하게 됐을까

선생님이 독서 감상문 숙제를 내주었어요. 잘 쓴 친구들에게는 상을 준대요. 집으로 돌아오는 길에 친구 영지가 말했어요.

"민서야, 우리 도서관에 들렀다 가자."

"그래."

민서는 힘없이 대꾸했어요. 별로 도서관에 가고 싶지 않았어요. 하지만 숙제를 하려면 어쩔 수 없었지요. 민서가 영지에게 물었어요.

"넌 책이 좋아?"

영지가 당연한 걸 왜 묻냐는 듯한 표정으로 말했어요.

"응, 재미있잖아."

민서는 책이 전혀 재미있지 않았어요. 만화책이라면 몰라도요. 재미없는 책을 읽는 것도 싫은데, 독서 감상문을 쓰는 건 더 싫었지요.

그런데 민서는 도서관에서 아주 흥미로운 책을 발견했어요. 책을 너무 많이 읽어서 지옥에 간 도령 이야기였어요. 엄마도 선생님도 책을 읽으면 칭찬해 주잖아요. 그런데 지옥에 가다니? 민서는 처음으로 책에 흥미가 생겼어요. 앉은자리에서 책을 다 읽고 이 책으로 독서 감상문을 쓰기로 결정했지

요. 하지만 어떻게 써야 할지 몰랐어요.

영지가 친절하게 알려 주었어요.

"글 쓰는 걸 너무 어렵게 생각하지 마. 책을 읽으면서 느낀 점이 있잖아. 그걸 쓰면 돼."

"느낀 점?"

"그래, 그게 감상이야. 책을 읽고 느낀 점을 글로 쓰면 독서 감상문이 되는 거야."

하지만 민서에게는 그게 너무 어려웠어요. 그냥 '재미있다, 재미없다'라고밖에 표현이 안 되는걸요.

"책을 읽다 보면 어떤 장면에서는 슬퍼지잖아? 어떤 곳에서는 너무 웃겨서 웃음도 나오고?"

"응."

"그럼 그게 왜 슬플까, 왜 기쁠까 하고 곰곰이 생각해 봐."

영지는 쉽게 말했지만 민서는 여전히 자신이 없었답니다.

"왜 너는 이 책을 골랐니? 그걸 써 봐도 좋을 것 같은데."

민서는 골똘히 생각해 보았지요.

'왜 나는 이 책이 좋을 것 같다고 여겼을까?'

그건 바로 엄마나 선생님에게 '책을 읽어서 지옥에 간 사람도 있어. 그러니까 난 책을 읽지 않을래'라는 말을 하고 싶었던 거예요. 하지만 막상 책을 읽으니까 그다음 내용이 어떻게 될까 궁금해서 계속 읽고 싶었어요. 민서는 마음속에서 솟아나는 생각을 그대로 글로 썼답니다.

놀랍게도 선생님이 민서에게 상을 주었어요. 아주 잘 썼대요.

영지도 축하해 주었어요.

"독서 감상문 상을 받은 소감이 어때?"

"소감?"

"그래, 상을 받을 때 마음이 어땠냐고."

"좋기도 하고 쑥스러웠어. 그리고 '이게 다 내 친구 영지 덕분이구나' 하는 마음이던데?"

민서와 영지는 서로 마주 보며 웃었지요.

예 내 취미는 음악 감상이야.
비 소감 | 느낌

경계심 警戒心 사고나 사건이 일어나지 않도록 미리 주의하여 조심하는 마음.

 겁쟁이가 아니야, 조심성이 많은 거야

겁 많은 토끼가 풀밭에서 풀을 뜯어 먹고 있었어요. 토끼는 풀을 먹으면서도 쉴 새 없이 주변을 흘낏거렸어요. 기다란 귀로 주변에서 나는 모든 소리를 놓치지 않고 들었지요. 토끼는 언제 어디서나 경계심을 한순간도 흩뜨리지 않았어요.

그때 바스락거리는 소리가 나는 거예요. 놀란 토끼는 잽싸게 달아났지요. 풀밭에서 고개를 든 동물은 들쥐였어요. 들쥐는 토끼를 비웃었지요.

"정말 겁쟁이로군. 저렇게 겁 많은 토끼는 처음 봐."

달아나던 토끼도 그 소리를 들었지요.

"난 겁이 많은 게 아니야. 경계심이 많을 뿐이지. 늑대나 독수리가 언제 어디서 나타날지 어떻게 알겠어?"

하지만 들쥐는 콧방귀를 뀌었어요. 토끼는 덩치도 작은 들쥐에게 비웃음을 당하자 너무 속상했답니다.

토끼는 몇 날 며칠을 굴속에서 나오지도 않았어요. 생각하면 할수록 자신이 한심하게 느껴졌어요.

"나보다 못난 동물은 없을 거야. 경계심이 많으면 뭐 해? 사냥개에게 쫓기

면 결국 죽을 수밖에 없는 신세인데."

토끼는 이렇게 비겁하게 살 바에야 그냥 물에 빠져 죽는 게 낫다는 생각까지 하게 되었어요. 토끼는 정말 죽을 각오로 연못으로 뛰어갔습니다. 그러자 연못가에 있던 수많은 개구리 떼가 허겁지겁 연못 속으로 뛰어드는 게 아니겠어요. 풍당풍당 소리에 토끼도 깜짝 놀랐지요. 물속으로 들어간 개구리들은 고개를 내밀지도 않았어요.

"세상에나, 나를 보고도 놀라는 동물이 있구나."

개구리 떼는 한참이 지나서야 건너편으로 헤엄쳐 나왔습니다. 개구리들은 토끼를 경계하며 개굴개굴 요란하게 울었지요.

"내 눈에는 개구리들이 전혀 겁쟁이처럼 보이지 않아. 조심해서 나쁠 게 뭐람."

토끼는 다시 풀밭으로 돌아와 풀을 뜯어 먹었습니다.

"이런, 겁쟁이 토끼가 또 오셨군."

저 멀리서 들쥐가 토끼를 보고 또 비웃었지요. 하지만 토끼는 들은 척도 하지 않았습니다. 그때 토끼의 기다란 귀에 이상한 소리가 들렸어요. 경계심 많은 토끼는 잽싸게 달아나기 시작했습니다. 씽, 바람 소리가 난다 싶더니 커다란 독수리가 들쥐를 낚아채 갔습니다. 토끼는 더 멀리 달아나면서 중얼거렸습니다.

"들쥐야, 왜 내가 경계심을 버리지 못하는지 오늘 드디어 알았겠구나."

예) 경호원들은 늘 경계심을 늦추지 않고 위험 요소를 살피고 있습니다.
비) 경각심

경험經驗 　실제로 보고 듣거나 몸소 겪음. 그 과정에서 얻은 재주나 지식.

 헬렌 켈러를 만든 한마디 말

　헬렌 켈러라는 이름을 들어 본 적 있나요? 헬렌 켈러는 볼 수도 들을 수도 없는 자신의 장애를 극복한 위대한 교육자예요. 그런 헬렌 켈러에게는 앤 설리번이라는 훌륭한 스승이 있었지요.

　앤은 어려서 어머니를 잃고 동생마저 죽자 충격을 받아 눈이 멀었어요. 그때 절망에 빠진 앤에게 용기를 준 사람이 있었어요. 바로 로라 브리지먼이었지요. 그는 시청각 장애 속에서도 꾸준히 교육받아 읽고 쓰기를 가르치는 능력까지 갖추게 된 인물이었어요. 그런 로라는 앤의 버팀목이 되어 주었어요. 앤은 로라의 도움으로 밝고 건강하게 자랐고, 수술을 받아 앞을 볼 수 있게 되었답니다.

　어느 날 앤은 신문에서 보지도 듣지도 말하지도 못하는 아이를 가르칠 사람을 구한다는 광고를 보았어요. 자신이 경험한 사랑과 희망을 돌려줄 기회라고 생각한 앤은 곧 그 아이를 찾아갔어요. 그렇게

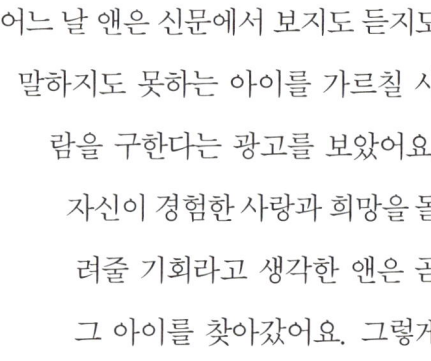

앤과 헬렌의 인연이 시작되었지요.

헬렌을 가르치는 방법은 손가락으로 직접 만지고 느끼게 하는 것뿐이었어요. 경험을 통해 세상을 이해시키는 것이었지요. 헬렌은 인형을 직접 만지면서 '인형'이라는 글자를 깨쳤고, 차가운 물을 손에 적시면서 '물'이라는 글자를 배웠어요. 그렇게 헬렌은 앤의 손을 잡고 한 걸음 한 걸음 세상 속으로 들어갔어요.

앤은 헬렌에게 다음과 같이 말했어요.

"시작하고 실패하기를 계속하렴."

앤이 말한 시작과 실패는 무엇일까요? 그것이 바로 경험이랍니다.

"실패하면 반드시 얻는 것이 있단다. 네가 원하던 것을 얻을 수 없어도, 대신 아주 가치 있는 무언가를 얻게 될 거야. 그러니 실패를 두려워하지 말고 계속 시작해야 해."

모든 시작이 성공으로 끝나지는 않아요. 실패로 끝나는 경우도 많지만, 실패한 경험도 소중하지요. 우리에게 아주 커다란 교훈을 남기니까요.

헬렌은 스무 살에 하버드대학에 입학했어요. 그 후 장애인, 흑인, 어린이 등 사회 속의 약자들을 위해 큰일을 하여 역사에 이름을 남겼지요.

헬렌은 「3일 동안 볼 수 있다면」이란 글에서 눈을 떴을 때 가장 먼저 하고 싶은 일은 앤의 아름다운 모습을 보는 것이라고 썼습니다. 헬렌의 마음속에 앤은 영원한 스승으로 남았고, 헬렌은 죽을 때까지 앤의 가르침을 실천했답니다.

예) 실전 경험이 많은 선수들은 국제 경기에서도 노련하다.

고장故障　　무엇이 제대로 작동하지 못하는 상태.

 고장 난 하루

상호는 학교 수업이 끝나고 큰길로 나와 학원 버스를 기다렸어요. 한참 기다려도 학원 버스가 오지 않았어요. 한 번도 늦은 적이 없는데 참 이상했어요. 상호는 엄마에게 전화를 걸었어요.

"아직 학원 버스가 안 왔어요."

상호의 말에 엄마는 화들짝 놀랐어요.

"아 참. 오늘 학원 버스가 고장이 났다고 했는데 엄마가 깜박했구나. 미안해, 아들."

상호는 정류장으로 달려가 버스를 타고 학원으로 갔어요. 결국 수업에 10분이나 늦었어요. 지각한 아이는 상호뿐이었어요.

"상호는 왜 늦었니? 늦으면 너도 손해고 다른 친구들에게도 피해가 가잖아."

선생님이 잔소리를 했어요. 상호는 버스가 고장 나서 늦은 거라고 말하려다 그만두었어요. 다른 아이들은 제시간에 왔으니까요.

수업이 끝나고 세수를 하러 화장실에 갔어요. 세면대에 막 고개를 숙였을 때, 윗주머니에 넣어 둔 전화기가 물속으로 풍덩 빠지고 말았어요. 상호는

 울상이 되었어요. 엄마를 졸라 겨우 장만한 최신형 스마트폰이었거든요.
　상호는 전화기를 건져 휴지로 물기를 닦았어요. 어디에 이상이 생겼는지 아예 켜지지도 않았어요. 상호의 입에서 한숨이 흘러나왔어요.
　집 앞에 거의 다 왔을 때, 또 다른 일이 상호를 기다리고 있었어요. 아파트 엘리베이터 문 앞에 '고장'이라고 쓴 종이가 붙어 있는 거예요. 상호는 또 울상이 되었어요. 상호네 집은 15층이거든요.
　상호는 낑낑대며 15층까지 걸어서 올라갔어요. 드디어 현관문이 보였어요.
　"야호, 다 왔다."
　상호는 기뻐서 소리를 질렀어요. 하지만 이번에는 또 무슨 고장이 날까 겁이 나기도 했어요.

"어서 와."

집으로 들어가자 엄마가 반갑게 맞아 주었어요. 갑자기 상호는 기분이 좋아졌어요.

"회사 일찍 끝났어요?"

"아냐. 네가 전화를 안 받아서 일찍 들어왔어. 걱정이 돼 견딜 수가 있어야지."

"전화기를 물에 빠뜨려서……."

엄마에게 미안했지만, 상호의 얼굴에 웃음이 번졌어요.

"비싼 전화기 고장 났는데 뭐가 좋다고 웃니?"

엄마는 상호를 흘기다가 부엌으로 달려갔어요. 상호에게 주려고 고구마를 굽고 있었나 봐요.

상호는 엄마를 보며 빙긋 웃었어요. 고장이 나서 좋은 점도 있다는 생각이 들었어요. 오늘 하루는 고장의 연속이었지만, 내일은 왠지 쌩쌩 잘 돌아갈 것 같아요.

예) 엘리베이터가 고장 나서 수리해야 합니다.

곤란 |困難|
[골란]

사정이 몹시 딱하고 어려움. 또는 그런 일.

 왜 다들 나한테 그래

"내일은 회장 선거를 할 거야. 우리 반을 위해 회장이 되었으면 하는 친구가 있는지 잘 생각해 보렴."

동수는 회장이나 부회장 같은 임원 자리에는 별 관심이 없습니다. 하지만 벌써부터 들떠 있는 아이들도 여럿입니다. 자기가 후보로 나오면 꼭 찍어 줘야 한다며 부탁하는 아이들도 있습니다.

수업이 끝나고 집으로 갈 때였습니다.

미현이가 동수를 부릅니다.

"혹시 내일 회장 선거 할 때 나를 추천해 주면 안 될까?"

"응?"

뜻밖이었습니다. 미현이는 반에서 눈에 잘 띄지 않는 아이입니다. 조용하고, 공부도 중간 정도고, 특별히 눈에 띄게 잘하는 것도 없는, 그야말로 평범한 아이입니다. 아마 아무도 미현이가 회장 후보로 나가고 싶어 하는 줄은 모를 겁니다.

"너, 나가게?"

"응. 나도 꼭 한번 회장을 해 보고 싶어. 그런데 내가 스스로 추천해서 나가는 것까지는 자신이 없어. 그래서 너한테 부탁하는 거야."

"왜 하필 나한테 부탁하는데?"

"다른 아이들은 벌써 마음속에 정한 사람이 있는 것 같아. 너는 아닌 것 같아서……. 만약 네가 추천을 안 해 주면 그냥 포기하려고."

동수는 미현이가 이렇게 솔직히 말하는 것에 좀 놀랐습니다. 이런 태도라면 의외로 회장 노릇을 잘할 수 있을 것 같았습니다.

동수는 미현이를 회장 후보로 추천해 주기로 했습니다.

다음 날입니다. 학교에 가고 있는데 동완이가 달려와 어깨를 치며 말했습니다.

"너, 이따가 회장 선거 때 무조건 날 추천해야 해. 알았지?"

"그건 곤란한데……. 난 다른 아이를 추천하기로 약속했는데……."

"너 내가 시키는 대로 안 하면 어떻게 될지 알지?"

"저기…… 넌 내가 추천 안 해도 해 줄 아이들이 많잖아. 그러니까…….'

"난 네가 추천해 주길 바라는 거야. 알았지?"

동완이는 학교에서 주먹깨나 쓰는 걸로 유명합니다. 몸집도 웬만한 중학생 형들보다 더 큽니다. 동완이에게 맞거나 물건을 빼앗긴 아이들도 여럿입니다. 만약 오늘 동수가 동완이를 추천하지 않는다면 동수는 동완이에게 두들겨 맞을 게 뻔합니다.

동완이는 동수의 배를 주먹으로 치는 시늉을 하더니 먼저 뛰어갔습니다.

정말이지 너무 곤란합니다. 어떻게 해야 이 곤란한 상황을 해결할 수 있을까요? 오늘 하루 학교에 안 갈 수만 있다면 정말이지 가고 싶지 않습니다.

예 그는 온갖 곤란을 무릅쓰고 자기 맡은 바 임무를 훌륭히 수행하였다.
비 난감

공유 共有   두 사람 이상이 한 물건이나 생각, 감정을 공동으로 가짐.

 기쁨을 나눌 수 없다면

　새 학기 첫날은 언제나 가슴이 두근댄다. 어떤 친구들과 같은 반이 될지, 그 친구들과 잘 어울릴 수 있을지……. 활짝 열린 교실 문을 보자 가슴이 쿵쿵 뛰었다. 먼저 와 자리를 잡고 있는 친구들이 몇몇 보였다. 그제야 마음이 조금 놓였지만, 아는 친구 옆자리에는 이미 다른 애가 앉아 있었다. 나는 어쩔 수 없이 잘 모르는 아이 옆자리에 앉았다. 이름이 수경이라고 했다. 그때 문득 그 아이 필통에 꽂힌 작은 배지를 보았다. 내가 좋아하는 아이돌 가수가 인쇄돼 있었다.

　"어? 너…… 이 가수 팬이니?"

　"응."

　"나도야."

　우리는 마주 보며 웃었다. 우리는 금세 단짝 친구가 되었다. 좋아하는 가수가 같으니까 서로 말도 잘 통했다. 알고 보니 우린 같은 팬 카페 멤버이기도 했다. '뭐든지 함께 나누자, 공유!'가 우리 팬 카페 이름이다. 좋아하는 사람이 같다는 건 무지무지 즐거운 일이다. 같이 나눌 이야깃거리가 있고, 같이 들어서 더 좋은 음악이 있고, 같이 웃을 수 있다.

콘서트에도 늘 같이 갔다. 하지만 이번 팬 미팅에는 수경이만 참석하고 나는 가지 못했다. 그런데 이럴 수가! 수경이가 팬 미팅 때 찍은 사진을 내게 보여 주었다.

'우리 오빠랑 단둘이 찍은 사진!'

부럽기도 하고, 은근히 화도 났다.

수경이는 그 사진을 팬 카페에 올렸다. 그러자 팬 카페에서 난리가 났다.

'오빠를 독차지하다니! 독점은 있을 수 없어!'

사진 한 번 찍은 것뿐인데, 팬들은 마치 수경이가 큰 잘못이라도 한 것처럼 몰아세웠다. 수경이는 깜짝 놀라 그 사진을 내렸다.

엉엉 우는 수경이를 보자 내 마음도 무척이나 슬펐다.

"너는 내가 잘못했다고 생각하니?"

고개를 흔들었지만 마음 한구석이 뜨끔했다.

며칠 뒤 수경이랑 나는 같이 팬 카페 '공유'를 탈퇴했다. 같은 감정을 공유하던 사람들이었는데, 말을 너무 함부로 하는 것 같았다. 감정을 공유하자면서도, 누구 하나 튀는 행동을 하거나 남다른 모습을 보이면 몰려들어 비난하고 따돌리기 일쑤다. 그런 사람들과 우리는 무엇을 공유했던 걸까?

예 모둠 과제가 있을 때는 자료를 공유해야지.
반 독차지

공익광고 公益廣告
[공익꽝고]

공공의 이익을 목적으로 하는 광고.

 어린이에게 선거권을

대통령 선거가 얼마 남지 않았어요. 요즘은 어디를 가나 투표를 하자는 공익광고를 볼 수 있지요.

텔레비전을 켜니 엄마가 좋아하는 영화배우가 공익광고에 나와 말했어요.

당신의 소중한 한 표가 우리의 삶을 바꿉니다.

그때 엄마가 텔레비전을 보면서 말했어요.

"걱정 마세요, 꼭 투표할게요."

연아는 어이가 없어서 엄마를 바라봤어요.

"설마? 엄마 저 영화배우한테 대답한 거예요?"

"응, 안 돼?"

물론 안 될 건 없죠.

"나중에 너도 광고를 만들면 잘생긴 배우를 꼭 출연시켜. 그럼 광고 효과 최고일 거야."

연아는 광고에 관심이 많답니다. 꿈이 광고 디자이너이지요.

"저 배우를 싫어하는 사람도 있어요. 사람들이 다 엄마 마음 같지 않을 수도 있어요."

"그렇겠지. 하지만 공익광고에 나왔다는 건, 국민 대다수가 저 배우를 좋아한다는 말이야."

가만 생각해 보니 그럴 것도 같았어요. 공익광고라는 건 모두에게 꼭 필요한 가치를 널리 알리고자 하는 건데 사람들이 싫어하는 인물이 등장할 리는 없죠. 또 우리 모두를 위한 광고이니까 배우들도 기꺼이 출연해 줄 것 같았어요.

"난 그래도 옛날 광고가 더 재밌던데."

엄마가 어이없어 하는 표정을 지었어요.

"불조심 하자, 쥐를 잡자…… 뭐 그런 거? 넌 요즘 애가 어쩜 고리타분한 걸 보고 좋다고 그러니? 광고에 대한 감각이 그렇게 없어서 어떻게 광고 디자이너가 되겠니?"

하지만 연아는 그렇게 생각하지 않았어요.

"수십 년이 지난 지금도 엄마는 그 광고 기억하시죠? 그게 바로 광고를 엄청 잘 만들었다는 소리예요. 나는 15초짜리지만 15년 아니 150년이 지나도 기억할 수 있는 그런 공익광고를 만들 거예요."

엄마가 엄지를 치켜들었어요.

"우리 딸, 대단한 광고 디자이너가 되겠는걸. 뭐 생각해 둔 거라도 있어?"

①이름하는 낱말: 명사

당연히 있죠. 연아는 광고에 대한 관심만큼이나 환경·인권·복지 등에 대한 관심도 많아요. 사실은 그런 책을 읽다 보니 광고를 만들고 싶다는 생각을 하게 되었답니다. 사람들에게 어떤 생각을 짧은 시간에 널리 알릴 수 있는 게 광고잖아요. 물건을 파는 상품광고나 기업을 홍보하는 기업광고보다는 우리 모두에게 이익이 되는 공익광고를 만들고 싶어요.

"먼저 어린이에게도 선거권을 달라는 광고를 하고 싶어요. 어른들이 다 좋아하는 그런 어린이 배우가 나와서 외치는 거예요. '어린이에게 투표권을!' 어때요?"

엄마는 시큰둥하게 대꾸했어요.

"반장 투표나 잘하세요!"

"옛날에는 여성에게 투표권이 없었다는 거 아세요? 지금은 너무나도 당연하게 생각하지만 우리 여자들이 투표권을 가지게 된 건 얼마 되지 않았다고요. 어린이라고 다를 건 없어요."

엄마가 자랑스럽다는 듯이 말했어요.

"역시 내 딸이야. 엄마를 닮아서 똑똑하구나."

연아는 엄마를 향해 혀를 쏙 내밀었어요. 연아는 결심했답니다. 언젠가 꼭 어린이를 위한 공익광고를 만들겠다고요.

예) 지하철에서 음악을 크게 듣지 말자는 공익광고를 봤어요.

관련 關聯/關連
[괄련]

사람, 사물, 현상 또는 그 밖의 여러 대상이 서로 관계를 맺고 있음.

 러브레터의 주인공을 찾아라

시호는 탐정소설을 좋아합니다. 책을 읽으며 자신이 탐정이 되어 사건을 해결하기 위해 이런저런 추리를 하는 걸 좋아합니다. 머리를 바쁘게 움직이며 추리하는 건 아주 흥분되는 일입니다. 자신의 추리가 맞아떨어지면 세상을 다 얻은 것 같은 느낌이 듭니다.

시호가 자신의 꿈을 탐정으로 정한 것도 이 때문입니다. 시호는 친구들 사이에서 셜록 홈스로 통합니다. 자칭(自稱) 타칭 최고의 명탐정이지요.

시호는 주위에서 일어나는 일들에 늘 관심을 갖고 지켜봅니다. 혹시라도 어떤 사건과 관련되어 있을지도 모르기 때문입니다.

친구들도 뭔가 해결해야 할 문제가 있을 때면 시호를 찾아옵니다. 시호가 해결한 문제가 벌써 세 가지나 있습니다.

"홈스! 저기…… 내 가방에 이런 게 들어 있었어. 혹시 누가 내 가방에 이걸 넣었는지 알 수 있을까?"

병훈이가 예쁘게 접은 편지를 하나 보여 줍니다. 병훈이를 좋아한다고 고백하는 편지입니다.

"좋았어. 내가 해결해 주지."

 자칭
자기 자신에 대해 무엇이라고 이름을 붙이거나 가리켜 말함.

드디어 사건을 접수했습니다.

이제 이 사건과 관련된 모든 정보를 모으고 따져 봐야 합니다.

우선 여자아이들은 모두 이 사건과 관련이 있다고 할 수 있습니다. 같은 반 여자아이들은 모두 열다섯 명입니다.

시호는 여자아이들을 눈여겨보기 시작했습니다. 병훈이를 좋아하는 여자아이라면 자신의 마음을 표현하는 결정적 단서가 될 만한 행동을 보일 것이 틀림없습니다. 사건과 관련지어 생각하지 않을 때는 별것 아닌 것 같아 보이는 행동도, 사건과 관련지어 생각할 때는 중요한 단서가 되는 경우가 아주 많습니다.

그리고 시호는 시간이 날 때마다 여자아이들의 공책 속 글씨를 하나씩 확인해 나갔습니다. 병훈이가 받은 편지의 글씨와 견줘 보기 위해서입니다. 여자아이들 몰래 글씨를 확인해 나가는 과정은 쉽지가 않습니다. 하지만 찾기만 하면 그건 사건과 관련된 최고의 증거가 될 것입니다.

수업 시간에도 시호는 눈과 귀를 여자아이들에게 맞추고 있습니다. 민지가 책상 서랍을 뒤적거리다가 뭔가를 떨어뜨렸습니다. 눈에 익숙한 물건입니다. 바로 병훈이가 받았던 그 편지지입니다.

순간, 시호는 긴장했습니다. 드디어 사건 해결의 열쇠를 발견했다고 생각했습니다. 그러나 좀 더 확실히 하려면 저 편지지와 병훈이가 받은 편지지 사이의 관련성을 증명해야 합니다.

쉬는 시간이 되자 시호는 민지가 없는 틈을 타서 슬쩍 공책을 펼쳐 봤습니다. 그런데 글씨가 전혀 다릅니다.

역시……. 사건이 이렇게 쉽게 해결될 리 없습니다. 하지만 실망하지 않습니다. 다시 사건과 관련된 것들을 추적해 들어가기로 합니다. 어떤 함정도 시린도 명탐정의 수사를 밀출 순 없으니까요.

⑩ 그는 이번 사건과 관련이 깊은 인물이다.
⑪ 연관

구상 構想 | 앞으로 이루려는 일의 내용이나 규모, 방법이나 과정을 이리저리 생각함. 또는 그 생각.

 엄마는 공부 중

요즘 민호네 엄마는 소설 쓰기에 도전하고 있어요. 오늘도 엄마의 컴퓨터 모니터 속에는 유명한 소설가의 강의가 흘러나오고 있어요. 작품을 구상하는 법, 구상한 대로 원고를 쓰는 법을 알려 주고 있었지요.

"엄마, 재미있어요?"

"응, 재미는 있는데 쉽지는 않네."

"구상이 떠오르면 그냥 쓰세요. 생각이 많으면 더 어려워져요."

엄마는 민호를 돌아보며 활짝 웃었어요.

"그래, 네 말이 맞아."

민호도 제 방에 들어가 책상에 앉았어요. 엄마가 작품 구상할 때처럼 턱을 괴고 생각에 잠겼지요.

"무슨 생각을 그리 골똘히 하니?"

엄마가 간식을 가지고 들어왔어요.

"저도 구상 중이에요. 집을 어떻게 지을까 생각하고 있었어요. 숙제예요."

"재미있는 숙제구나."

"내가 살고 싶은 집을 디자인해야 돼요."

"직접 해 보지 그러니?"

엄마는 방 한구석에 수북이 쌓여 있는 레고 블록을 가리켰어요.

"머릿속으로 구상만 하는 것보다 직접 손으로 해 보는 게 나아."

그러고 보니 레고를 가지고 놀아 본 지도 오래되었네요. 민호는 갑자기 기분이 좋아졌어요.

"우아, 엄마는 천재예요."

"네가 방금 엄마한테 가르쳐 줬잖아. 구상만 하지 말고 일단 쓰라고."

민호는 씩 웃고는 블럭을 쌓기 시작했어요. 먼저 네모난 판에 벽을 쌓고 방을 만들었죠. 창문도 달고요. 설계도를 보고 조립하는 게 아니라 내가 직접 구상한 걸 만드는 거예요. 갑자기 숙제가 즐거워졌어요.

"어떤 집을 만들었는지 볼까?"

민호는 엄마에게 하나하나 설명했어요. 여긴 안방, 거실, 장난감방, 엄마를 위한 서재. 그리고 집 앞에는 로봇까지 하나 만들었지요.

"로봇까지? 멋진데. 집안일 도와주는 로봇이야?"

"아뇨, 내 친구예요. 물론 내 심부름도 해 주고요."

"집안일 해 주는 로봇도 하나 만들어 줘."

"걱정 마세요. 엄마. 내가 만든 집은 완벽 자동 시스템이에요. 미래를 구상하는 데 그 정도쯤은 기본이죠."

엄마랑 민호는 서로 마주 보며 웃었답니다.

예 그림을 그릴 때도 구상 단계가 아주 중요해요.

군침 입안에 도는 침.

 **내 사랑, 아귀찜**

수아는 엄마랑 사이가 참 좋아요. 그런데 미용실만 가면 꼭 문제가 생겨요. 수아는 짧은 머리가 편하고 좋은데, 엄마는 치렁치렁 긴 머리를 원하기 때문이에요.

"싹둑 잘라 주세요."

"살짝 다듬어 주세요."

미용사 언니는 이러시도 저러시도 못하나가 결국 엄마 말대로 별로 자른 티도 나지 않게 다듬기만 했어요. 어차피 돈을 내는 사람은 엄마니까요.

수아는 화가 나서 집으로 돌아와 문을 쾅 닫고 방으로 들어갔어요. 그리고 이불을 뒤집어 쓰고 점심도 먹지 않고 누워 있었어요. 엄마는 오빠를 시켜 점심 먹으라고 한 번 말하고는, 두 번 다시 권하지 않았어요.

스르르 잠이 들었다가 눈을 뜨니 어느새 날이 저물었나 봐요. 어디선가 매콤한 냄새가 솔솔 풍겼어요.

수아는 그것이 무슨 냄새인지 단박에 알아맞힐 수 있었어요. 세상에서 가장 좋아하는 아귀찜 냄새였거든요. 아귀찜이 매워서 먹지 못한다는 아이도 있고 아귀가 징그럽게 생겼다고 싫어하는 아이도 있었지만 수아는 달랐어요. 아귀찜을 얼마나 좋아하는지 자다가도 벌떡 일어날 정도였어요. 매운 양념에 밥을 쓱쓱 비벼 먹을 생각을 하자 입에 군침이 한가득 고였지요.

가족들은 저녁을 먹고 방으로 들어갔어요. 수아는 방문을 살짝 열고 부엌으로 나갔어요. 큰 냄비 뚜껑을 열고 보니 텅 비어 있었어요. 다 먹고 설거지까지 말끔히 해 놓은 냄비를 보고 수아는 울상을 지었어요.

"혹시 이거 찾는 거니?"

엄마의 목소리였어요. 돌아보니 손에 아귀찜 접시를 들고 있었어요. 수아는 더 이상 참을 수 없었어요.

"오늘만 항복이야. 하지만 다음엔 엄마 마음대로 안 될걸? 저에게도 인권이란 게 있어요. 제 머리카락은 제 마음대로 할 자유가 있다고요."

수아의 말을 듣고 엄마는 호호 웃었어요.

"알았어. 매우니까 밥이랑 같이 먹어."

엄마는 수아를 위한 밥상을 차려 주었어요. 그러면서 자기주장을 확실하게 할 줄 아는 수아가 대견스럽다고 생각했지요.

⠀

㉠ 고기 굽는 냄새에 군침이 돈다.
㉡ 단침
㉢ 군침을 삼키다(흘리다) : 먹고 싶어서 입맛을 다시다. 몹시 탐을 내다.

권리 權利
[궐리]

어떤 일을 자신의 의지에 따라 처리하거나 주장하고 요구해 누릴 수 있는 마땅한 자격이나 힘.

 더 좋은 운동화를 신을 자격

며칠 전에 아빠가 새 운동화를 샀어요. 아빠는 운동화가 너무 맘에 드나 봐요. 매일 그 운동화만 신고 다녔어요. 발을 꽉 감싸는 느낌이 좋대요.

그런데 며칠 지나지 않아서 아빠는 깜짝 놀랐어요.

"이럴 수가! 산 지 며칠이나 지났다고."

운동화 깔창 천이 벗겨져 너덜너덜해져 있었어요.

"어, 어떡해요?"

아빠는 콧김을 씩씩 내뿜으면서 말했어요.

"어떡하긴. 소비자의 권리를 행사해야지."

"소비자의 권리요?"

"암, 운동화 회사에 전화해서 깔창 바꿔 달라고 할 거야."

"하지만 이미 신었는데 바꿔 주겠어요?"

"며칠 신지도 않았는데 깔창 천이 벗겨지는 건 불량이야. 불량품을 정상품으로 교환하는 건 소비자의 정당한 권리야."

아빠는 운동화 회사에 전화했어요. 회사 측에서는 깔창을 택배로 보내 달래요. 아빠는 택배로 운동화 깔창을 보냈지요.

침해
침범하여 해를 끼침.

"그냥 새로 하나 사는 게 낫지 않아요? 택배 보내고 받고, 귀찮아 보이는데."

"귀찮다고 내가 당연히 누려야 할 권리를 모른 척하면 어쩌니? 권리가 침해(侵害)당했을 때 확실하게 말해야 그 권리가 잠들지 않는단다. 귀찮다고 그냥 깔창을 사 버렸다. 그러면 누가 우리 소비자 권리를 챙겨 줄까?"

아빠는 내 머리를 쓰다듬으며 덧붙였어요.

"이건 내 운동화 깔창만의 문제가 아닐 수도 있잖아. 회사 측에서는 깔창 천이 벗겨진다는 걸 모를 수도 있어. 그러면 앞으로도 계속 불량품이 나오고, 나 말고도 다른 소비자까지 같은 불편을 겪을 수 있지. 내 권리만을 위해 그런 건 아니야. 소비자 전체를 위한 일이기도 하지."

"음, 그러면 우리 모두가 좋은 운동화를 신을 수 있다는 말씀이네요."

아빠는 싱긋 웃었어요.

"똑똑한걸?"

며칠 후 새 깔창이 왔어요. 아빠는 운동화에 새 깔창을 깔았죠.

내가 아무런 일도 하지 않으면 어느 누구도 내 권리를 찾아 주지 않아요. 권리는 잠꾸러기예요. 쉽게 잠들기 때문에 우리는 우리 권리를 위해 적극적으로 행동해야 해요.

예 어린이들은 보호받을 권리가 있다.
비 권한

근심

해결되지 않은 일 때문에 속을 태우거나 우울해 함. 또는 그러한 마음.

 이래도 저래도 걱정이야

두 아들을 둔 엄마가 있었어요. 큰아들은 우산 장수였고, 작은아들은 양산 장수였어요. 엄마는 매일 아들 걱정으로 얼굴빛이 어두웠답니다. 단 하루도 근심 걱정이 갤 날이 없었지요. 해가 나면 큰 아들이 걱정되고, 비가 오면 작은아들이 근심거리였지요.

해가 쨍하고 비치는 날이면 엄마는 근심 어린 목소리로 말했어요.

"첫째야, 해가 났구나. 우산이 팔리지 않을 테니 어쩌면 좋으냐?"

비라도 오는 날이면 엄마는 작은아들 걱정에 가만있지를 못하는 거예요.

"아이구, 이런! 비가 오네. 둘째야, 오늘 양산은 다 팔았구나."

두 아들은 엄마의 이런 근심 걱정에 지쳤어요.

"어머니, 왜 그렇게 근심만 하시나요? 반대로 생각하실 수도 있잖아요."

"맞아요, 어머니. 좋은 쪽으로 생각해 보세요."

하지만 늘 근심만 하고 살던 엄마는 아들들이 무슨 말을 하는지 몰랐어요.

큰아들이 말했어요.

"비가 오면 제 우산이 팔리니 좋지요?"

"좋지, 많이 좋지."

작은아들이 말했어요.

"해가 나면 제가 양산을 팔 수 있으니까 좋으시잖아요."

"그래, 참 좋구나."

엄마는 그제야 알겠다는 듯이 고개를 끄덕였답니다.

"그렇구나. 하지만 비가 왔다가 해가 쨍 하고 다시 뜨는 날이면 어떡하지?"

엄마의 근심에 아들들은 빙그레 웃었어요.

"우산도 팔고, 양산도 팔 수 있어 더 좋지요."

그제야 엄마는 근심 걱정에서 벗어날 수 있었답니다.

　　예 걱정 인형은 주인의 근심을 덜어 준다고 해요.
　　비 걱정

까닭
[까닥]

어떤 일이 생기게 된 원인이나 조건.

 거북은 왜 등에 집을 지고 다니나

　옛날, 아주 먼 옛날, 신들의 왕 제우스가 동물들을 위한 잔치를 베풀었어요. 세상의 모든 동물들이 한자리에 모여 멋진 잔치를 베풀어 준 제우스에게 감사를 전했습니다.

　그런데 제우스가 둘러보니, 거북이 보이지 않는 거예요.

　"아니, 거북은 어디에 있지?"

　"거북은 오늘 잔치에 오지 않았습니다."

　독수리가 날카로운 눈을 빛내며 대답했어요.

　"왜 참석하지 않았지?"

　누가 그 까닭을 알겠어요. 아무도 대답할 수 없었답니다. 제우스 역시 아무리 생각해 보아도 그 까닭을 알 수가 없었어요.

　제우스는 직접 거북을 만나 물어보았습니다.

　"맛있는 음식과 즐거운 음악으로 잔치를 베풀었단다. 그런데 너는 왜 오지 않았니?"

　거북은 아무런 말도 하지 않았습니다.

　"잔치가 있다는 걸 몰랐단 말이냐? 그런 까닭이라면……."

제우스는 잔치에 오지 않은 거북을 너그럽게 용서해 주고 싶었답니다.
하지만 거북은 제우스의 그런 마음을 몰랐어요.
"그런 이유가 아니라, 저는 그냥 제 집에 있고 싶었습니다."
제우스는 은근히 화가 났습니다. 고작 그런 이유로 자신의 잔치에 참석하지 않다니, 거북이 괘씸했지요.
"그렇게 집이 좋다면 너는 평생 네 집이나 지고 다니려무나."
그래서 거북은 그때부터 자신의 집을 지고 다닌답니다. 하지만 거북은 그래도 좋았대요. 오히려 제 집을 지고 다니니까 세상에 두려울 게 하나도 없는 거예요. 거북의 등껍질이 몹시 단단한 까닭이지요.

그 모습을 본 제우스는 더 화가 나서 독수리를 거북에게 보냈어요. 거북은 전혀 겁을 내지 않았답니다. 거북은 제 집으로 쏙 들어가 나오지 않았어요. 아무리 날카로운 부리라도 거북의 단단한 껍질을 뚫지 못할 테니까요. 하지만 독수리는 억센 발톱으로 거북을 움켜쥐고 힘센 날개로 하늘 높이 날아올랐답니다. 그제야 거북이 놀라 소리쳤어요.

"독수리님! 도대체 왜 이러십니까? 그 이유나 알고 싶습니다."

독수리는 높은 하늘 위에서 거북을 놓아 버리면서 말했지요.

"네가 정녕 그 까닭을 모른단 말이냐? 너의 그 당당함이 신들에게는 무례함으로 비춰지는 게지."

땅에 떨어진 거북은 죽고 말았답니다.

> 예 한글날을 10월 9일로 정한 까닭은 무엇일까?
> 비 이유

① 이름하는 낱말: 명사

| 꾀 | 문제를 해결하기 위해 떠올린 교묘한 생각. |

 100살 토끼의 장수 비결

여러분은 『토끼전』을 알고 있나요? 토끼가 높은 벼슬을 시켜 준다는 별주부의 꼬임에 넘어가 용궁에 따라간 이야기 말이에요. 하마터면 토끼는 병든 용왕에게 자신의 간을 빼앗기고 죽을 뻔했지요. 하지만 간을 육지에 두고 왔다고 거짓말을 해서 무사히 살아 돌아올 수 있었어요. 위기에 빠졌을 때 당황하지 않고 꾀를 냈기 때문이지요. 이야기는 거기서 끝나지 않아요. 토끼가 얼마나 꾀쟁이인지 그다음 이야기를 들어 볼까요?

산속으로 돌아온 토끼는 나무꾼들이 쳐 놓은 그물에 걸려요. 슬픔에 빠져 울고 있을 때 쉬파리 떼가 윙 날아들지요. 그 순간 토끼에게 좋은 생각이 떠올랐어요.

"쉬파리님들, 제 몸에 쉬를 좀 듬뿍 슬어 주세요."

토끼의 부탁을 받은 쉬파리들은 쉬를 슬어 주고 날아갔어요. 토끼가 죽은 듯 축 늘어져 있을 때, 나무꾼들이 나무를 하러 올라오다가 토끼를 발견했어요. 신나게 달려와 토끼를 그물에서 쑥 빼고 보니 쉬가 잔뜩 슬어 있지 뭐에요. 나무꾼은 걸린 지 너무 오래되어 썩은 줄 알고 토끼를 풀밭으로 냅다 던져 버렸어요.

　다시 살아난 토끼는 좋아라고 춤을 추었어요. 끝이냐고요? 아니에요. 이번에는 공중에서 커다란 독수리가 나타나 토끼를 낚아챘어요. 토끼는 엉엉 울었어요. 독수리는 토끼가 계속 눈물을 그치지 않자 이유를 물었어요.

　"실은 제가 수궁에 갔다가 좋은 보물을 얻어 왔어요."

　"그게 뭔데?"

　"꾀주머니라는 거예요. 구멍이 여러 개인데, 한 구멍을 톡 치면 강아지, 송아지가 굴러 나오고, 다른 구멍을 톡 건드리면 병아리, 메추라기가 쉴 새 없이 쏟아져 나오지요."

　독수리는 입맛을 쩝쩝 다시며 말했어요.

　"너 살려 줄 테니 그 꾀주머니 나 줄래?"

　"목숨만 살려 주시면 드리고말고요."

　독수리는 토끼를 붙들고 토끼 굴로 날아갔어요. 독수리는 토끼 뒷다리 발목을 잡고 꾀주머니를 가지고 나오기를 기다렸어요.

　"독수리님, 꾀주머니가 손에 닿을 듯 말 듯한대요. 발목을 조금만 놓아 주세요."

　독수리는 할 수 없이 토끼의 발목을 살짝 놓아 주었어요. 그 틈을 이용해 토끼는 독수리의 발톱을 걷어차고 굴속으로 쏙 들어가 버렸어요. 그리고 독수리의 약을 바짝 올렸어요.

　"독수리야, 내 목숨을 구한 영리한 내 머리가 바로 꾀주머니니라. 당분간 밖에 안 나갈 테니 괜히 기다리지 말고 날아가거라."

　독수리는 굴 밖에서 펄펄 뛰며 화를 내다가, 배가 고파서 다른 곳으로 날아갔어요.
　꾀를 내서 세 번이나 자기 목숨을 구한 토끼는 산속에서 100살까지 살다가 달나라 신선이 되었다고 해요. 어때요? 토끼야말로 꾀가 넘쳐나는 진짜 꾀보가 확실하죠?

　예 꾀 많은 토끼는 호랑이를 다시 구덩이로 들어가게 했다.
　뜻 꾀부리다(꾀쓰다) : 어려운 일을 살살 피해 자기에게 이롭게 하다.

나비잠   갓난아기가 두 팔을 머리 위로 벌리고 자는 잠.

 ## 아기는 나비잠, 아빠는 새우잠

깊은 밤, 함박눈이 소리 없이 내렸어요. 산속 외딴집에서 엄마가 아기를 달래고 있었어요. 엄마는 아기를 위해 가만가만 자장가를 불러 주었어요.

> 자장 자장 우리 아기
> 자장 자장 우리 아기
> 꼬꼬닭아 우지 마라
> 우리 아기 잠이 깰라
> 멍멍개야 짖지 마라
> 우리 아기 잠이 깰라

안아 주고 업어 줘도 아기는 울음을 그치지 않았어요. 아기는 며칠째 몸에 열이 펄펄 끓었어요.

엄마는 아기의 이마를 짚어 보고, 겨드랑이에도 손을 넣어 보았어요. 불덩이처럼 뜨거웠어요. 물수건으로 아기 얼굴과 몸을 닦아 주었어요. 열을 내리게 하는 인동초라는 풀도 달여서 아기 입에 넣어 주었지요. 그래도 열은

떨어지지 않았어요.

"언제쯤 아빠가 돌아오실까?"

엄마는 혼잣말로 중얼거렸어요. 약을 구하러 나간 아빠가 밤늦도록 돌아오지 않아 걱정이 되었어요. 엄마는 왕사탕만 한 눈송이가 떨어지는 문밖을 슬픈 눈으로 보았어요.

또 아기가 보채기 시작했어요. 괴로워하는 아기를 보다가 엄마는 그만 눈물을 흘리고 말았어요. 엄마는 두 손을 모으고 기도했어요.

'차라리 제가 대신 아프게 해 주세요.'

울다가 지쳤는지 아기가 새근새근 잠이 들었어요. 아기는 두 팔을 위로 쭉 뻗고 나비잠을 잤어요. 축 늘어진 아기를 보며 엄마의 마음은 찢어지는 것 같았어요.

기도하던 엄마 눈이 스르르 감겼어요. 아기를 간호하느라 한숨도 못 자서 몹시 피곤했거든요. 엄마는 아기 옆에 쓰러져 금세 잠이 들었어요.

　이튿날 엄마는 밝은 아침 햇살에 눈을 떴어요. 아기는 곤히 잠들어 있었어요. 이마를 짚어 보니 열도 거의 내렸어요. 곁에 아빠가 옆으로 누워 몸을 웅크리고 새우잠을 자고 있었어요. 아기를 위해 허리까지 쌓인 눈길을 뚫고 돌아온 아빠를 생각하니 엄마의 마음이 뭉클했어요.

　엄마는 눈썹과 콧구멍이 서로 닮은 아빠와 아기를 한참 들여다보다가 빙그레 웃었어요. 그리고 아빠가 좋아하는 된장국을 끓이러 살그머니 밖으로 나갔어요.

새우잠
새우처럼 등을 구부리고 자는 잠. 옆으로 누워 불편하게 자는 잠.

예 나비잠을 자는 막냇동생의 얼굴을 가만히 들여다보았다.

난간 欄干/欄杆　　마루나 계단의 가장자리를 막아 세운 구조물.

 난간 하나가 뭐라고

우리 집은 옆집과 아주 가까워요. 가깝다고 해서 친하다는 뜻이 아니에요. 집과 집이 꼭 붙어 있다는 말이지요. 사이에는 옆집의 좁은 계단이 놓여 있을 뿐이에요. 계단은 매우 가파르고 위험해요. 그래서 얼마 전 옆집 꼬부랑 할머니는 계단에 철로 된 난간을 설치했어요.

난간이 설치되고 나서 며칠 후 사건이 터졌어요. 햇살 좋은 날 아침 우리 엄마가 할머니네 난간에 이불을 널어 둔 거예요. 밖에 나갔다 돌아온 할머니는 이불을 보자 씩씩거렸어요.

"아니, 어떤 인간이 남의 난간에 이불을 널었어?"

할머니는 지팡이로 이불을 밀어서 바닥에 떨어뜨렸어요. 그리고 난간을 붙잡고 집으로 뚜벅뚜벅 올라갔어요.

잠시 후 바닥에 떨어진 이불을 발견한 엄마도 가만히 있지 않았어요. 보나 마나 옆집 할머니가 그랬을 것이라고 짐작하고 일부러 큰 소리로 떠들어 댔어요.

"난간 좀 빌려 쓴 걸 가지고 이웃끼리 참 너무하네. 이불 잠깐 널었다고 난간이 닳아 없어지나."

　그 후 옆집과 우리 집 사이에 찬바람이 쌩쌩 불었어요. 엄마는 할머니를 보고 인사는커녕 아는 체도 하지 않았어요. 그리고 이웃들에게 할머니 인심이 참 고약하다는 둥, 성질이 못되서 자식들이 떠났다는 둥 흉을 봤어요.

　어느 날 학교에서 돌아오는 길이었어요. 바로 앞에 꼬부랑 할머니가 지팡이를 짚고 느릿느릿 걸어가고 있었어요. 구부러진 할머니 등 위로 나비 한 마리가 나풀나풀 날아가 앉았어요. 할머니의 등이 나비의 무게도 견디지 못할 것처럼 작고 약해 보였어요.

　집에 도착했을 때 엄마는 호박전을 부치고 있었어요. 양이 많아 이웃들과 나눠 먹기로 했어요. 엄마는 옆집은 쏙 빼놓고 다른 집들만 갖다 주라고 했어요. 나는 호박전 접시가 담긴 쟁반을 들고 옆집부터 갔어요.

"할머니, 호박전 뜨거울 때 드시래요."

내가 씩씩하게 말하자 할머니는 말없이 사탕을 한 줌 집어 주었어요. 표정은 여전히 무뚝뚝했지만요.

다음 날 학교에서 돌아와 숙제를 하고 있을 때였어요. 시장에서 돌아온 엄마가 장바구니를 식탁에 내려놓으며 호들갑스럽게 말했어요.

"참 별일이다. 옆집 할머니가 난간에 빨래를 널라는구나. 하긴 나도 잘한 건 없지. 할머니에게 난간은 2층으로 올라가는 손잡이나 마찬가진데 이불을 널었으니……."

사실은 엄마도 할머니 때문에 무척 신경이 쓰였나 봐요. 혼자 사시는 분이 얼마나 외로울까, 식사는 어떻게 하실까, 자식들은 뭐 하는 사람들일까 등등 할머니 이야기를 계속 늘어놓았어요. 그러더니 새로 담근 매실즙을 한 병 꺼내 들고 밖으로 나갔어요.

다시 숙제를 하기 위해 나는 책상 위로 고개를 숙였어요. 옆집 계단으로 올라가는 엄마의 발자국 소리가 들렸어요. 기분이 좋아 콧노래가 저절로 나왔어요.

예 난간에 기대지 마시오.

눈독 -毒
[눈똑]

욕심을 내어 눈여겨보는 기운.

 탐나는 걸 어떻게 해

진이는 언니가 세수하러 나간 사이 살그머니 옷장을 열었어요. 언니의 새로 산 연보랏빛 원피스가 맨 끝에 걸려 있었어요. 쿵쾅거리는 가슴을 쓸어내리며, 진이는 옷걸이에서 원피스를 꺼냈어요.

"눈독 들이지 말랬지?"

세수를 마치고 들어온 언니가 소리 질렀어요. 언니의 얼굴에서 물기가 뚝뚝 떨어졌어요.

"구경도 못 해?"

진이는 화가 나서 맞받아쳤어요. 언니는 거울 앞에 앉아 진이를 향해 눈을 흘겼어요. 진이도 지지 않고 언니를 노려보았어요.

생각하면 할수록 화가 났어요. 특히 엄마가 미워서 견딜 수 없었지요. 언니에게는 새 옷과 새 신발을 척척 사 주면서, 진이에게는 그러지 않으니까요. 옷과 신발은 물론이고 가방과 학용품까지 언니가 쓰던 것을 물려받아야 했어요. 진이는 거실에 있는 엄마의 귀에 들리도록 크게 소리쳤어요.

"내가 언니 청소부야? 나는 왜 만날 언니가 쓰던 것만 써야 해."

"그렇게 아니꼬우면 먼저 태어나든지."

언니가 얼굴에 크림을 톡톡 찍어 바르며 약을 올렸어요. 진이는 아드득 소리가 나게 이를 악물었어요. 그리고 속으로 생각했답니다.

'흥, 이번에는 내가 먼저 새 옷을 입고 말 테야.'

진이는 딴청을 피우며 기회를 살폈어요. 언니가 화장실로 갔어요. 진이는 얼른 옷장 문을 열고 새로 산 언니의 원피스를 꺼냈어요. 그리고 눈 깜짝할 사이 옷을 갈아입고 밖으로 달려 나왔어요.

계단을 내려와 골목을 지났어요. 숨이 턱에 닿을 때까지 뛰고 또 뛰었어요. 엄마가 자주 가는 큰길 마트 앞에 이르러, 진이는 걸음을 멈추고 숨을 몰아쉬었어요.

"진이야, 너 누구 옷을 입은 거니?"

마트 주인아주머니가 진이를 훑어보고 웃으며 말했어요. 진이는 유리창에 비친 자기 모습을 보았어요. 거기에는 커다란 자루를 뒤집어쓴 것 같은 꼬맹이 하나가 서 있었어요.

지나가던 사람들도 이상한 눈빛으로 진이를 쳐다보았어요. 얼굴이 빨갛게 달아올랐어요. 진이는 두 손으로 얼굴을 가리고 집으로 달려갔어요.

집으로 들어가자마자 옷을 갈아입고 침대에 벌렁 누웠어요. 머리끝까지 이불을 뒤집어쓰고 누워 있을 때 언니가 말했어요.

"말 안 듣더니 꼴좋다."

언니가 혀를 끌끌 찼어요. 진이는 대답할 수가 없었어요.

"진이야, 그 원피스 엄마가 처녀 시절 입던 거야. 나중에 줄여서 언니 입히려고 옷장 깊숙이 넣어 둔 거란다."

엄마 목소리였어요. 엄마는 침대 끝에 앉아 진이의 등을 쓰다듬었어요.

"엄마는 진이랑 언니를 차별한 적 없어. 언니의 물건도 원래는 은수 언니가 쓰던 거야."

 은수는 진이의 사촌 언니였어요. 엄마의 말에 진이의 마음이 사르르 풀어졌어요. 진이는 미안한 마음이 들었어요. 언니에게 자기가 가장 아끼는 반지를 사과의 선물로 주어야겠다고 생각했답니다.

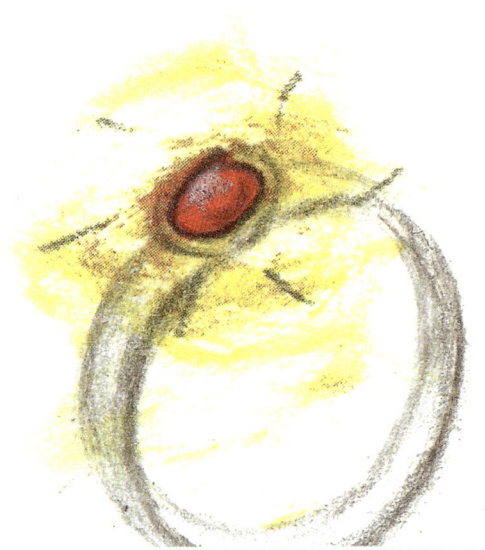

📗 예 동생은 자기 그릇에 담긴 과자를 얼른 다 먹고 내 과자에 눈독을 들였다.
📗 관 눈독 들이다 : 욕심을 내어 눈여겨보다.

단위 單位
[다뉘]

길이·무게·수효·시간 등을 측정하거나 표현할 때 기초가 되는 일정한 기준. 근·되·자·그램·리터·미터·초 등이 있다.

 '한 근'의 미스터리

"아이고, 헷갈려."

기정이는 수학 숙제를 하다 말고 머리를 쥐어뜯었습니다. 단위만 나오면 머리에 쥐가 날 것 같습니다.

그냥 예전처럼 센티미터만 나오면 좋으련만 밀리미터·미터·킬로미터까지……. 정말 헷갈립니다. 문제는 센티미터로 내고 답은 미터나 밀리미터로 쓰라고 하는 치사한 문제들 때문에 틀리는 경우도 많습니다.

1킬로미터 = 1000미터

1미터 = 100센티미터

1센티미터 = 10밀리미터

길이 단위는 나름의 규칙이 있습니다. 또 일상생활에서 자주 쓰는 단위이기 때문에 덜 헷갈리는 편입니다. 자를 꺼내 봅니다. 1센티미터와 2센티미터 사이 간격은 10개로 나뉘어 있습니다. 그 작은 단위가 1밀리미터입니다. 미터도 어렵지 않습니다. 기정이의 키는 1미터 35센티미터입니다. 즉 135센

티미터입니다. 킬로미터가 좀 헷갈리긴 하지만 크게 문제가 되지 않습니다.

    1톤 = 1000킬로그램

    1킬로그램 = 1000그램

    1그램 = 1000밀리그램

무게 단위는 아주 간단해 보입니다. 길이 단위와는 달리 모두 1000씩 차이가 나니까요.

톤－킬로그램－그램－밀리그램의 순서만 알면 될 것 같습니다. 몸무게를 비롯해 대부분의 무게는 보통 킬로그램으로 말하기 때문에 귀에도 아주 익숙합니다. 하지만 이상하게도 단위를 바꿔 계산할 때는 자꾸 헷갈립니다. 기정이 몸무게는 30.5킬로그램입니다. 그램으로 바꾸면 30500그램입니다. 이렇게 바꾸는 것이 왜 자꾸 헷갈릴까요?

게다가 일상생활에서 쓰는 무게 단위는 더 헷갈립니다. 엄마는 시장을 볼 때 '근'이라는 단위를 많이 씁니다.

"한 근만 주세요."

엄마가 이렇게 말하면 시장에서는 저울에 재서 주는데 그 저울은 근 단위로 표시되어 있는 게 아니라 그램 단위로 표시되어 있습니다. 야채는 400그램 정도가 한 근이고, 고기는 600그램이 한 근이라나요? 같은 한 근이라도 물건마다 무게가 다 다른, 이상한 단위입니다.

    1리터 = 1000밀리리터

> **복병**
> 엎드려 숨어 있는 병사. 예상하지 못한 뜻밖의 경쟁 상대.

요즘엔 부피 단위를 새롭게 배웠습니다.

부피 단위는 리터와 밀리리터밖에 안 나옵니다. 당연히 훨씬 간단해 보입니다. 우리가 마시는 생수나 음료수도 모두 리터와 밀리터로 표시되어 있으니 어려울 건 하나도 없어 보입니다.

하지만 분명히 의외의 복병(伏兵)이 나타날 겁니다. 길이 단위와 무게 단위 때도 그랬으니까요.

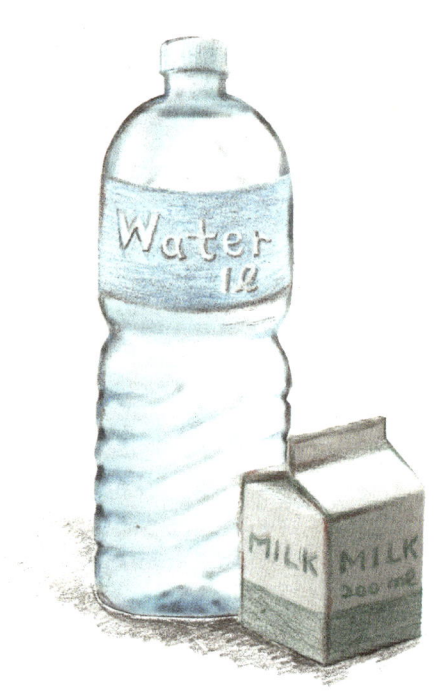

예) 사람이 너무 많아 백이나 천 단위로는 헤아릴 수가 없다.

동아줄 · 굵고 튼튼하게 꼰 줄.

 영치기 영차, 줄다리기

정월 대보름 저녁. 서산 위로 보름달이 둥실 떠올랐어요.

윗말 사는 만복이는 솜옷을 뜨뜻하게 차려입고 엄마가 만들어 준 귀마개를 했어요. 주머니에는 어제저녁 부럼으로 먹던 땅콩과 호두를 가득 담았어요. 만복이는 엄마 아빠 손을 잡고 사립문 밖으로 나와, 윗말과 아랫말 중간에 있는 공터로 달려갔어요.

벌써 마을 사람들이 구름처럼 모여 있었어요. 한쪽에 모닥불이 활활 타올랐고 풍물놀이패가 꽹과리·북·징·장구를 장단에 맞춰 두드렸어요. 풍물 소리를 따라 사람들의 어깨가 들썩거렸어요.

정월 대보름은 마을의 큰 잔칫날이에요. 먼저 당산나무에 제상을 차리고 마을의 가장 웃어른인 김씨 할아버지가 제관이 되어 엄숙하게 제사를 지냈어요.

그리고 정월 대보름의 가장 중요한 행사 중 하나로 줄다리기를 벌였어요. 지난가을, 추수를 마친 후 두 마을 사람들은 볏짚을 모아다가 동아줄을 만들었어요. 먼저 질긴 삼나무 껍질을 엮어서 뼈대를 삼고 볏짚을 차곡차곡 이어 붙이자 굵고 튼튼한 동아줄이 완성되었어요.

　윗말과 아랫말 사이에 동아줄이 길게 놓이고 줄 옆으로 사람들이 늘어섰어요. 만복이는 올해 처음 줄다리기에 참여했어요. 어찌나 흥분이 되던지 며칠 전부터 잠을 설쳤어요.

　첫 번째 징 소리가 크게 울렸어요. 두 마을 사람들은 동아줄을 들었어요. 얼굴에 꼭 이겨야 한다는 결심이 비쳤어요. 두 번째 징 소리가 울리자 줄을 힘껏 잡아당겼어요. 윗말과 아랫말 사람들은 얼굴이 빨개지도록, 손바닥이 부르틀 때까지 줄을 잡은 손에 힘을 빼지 않았어요. 오래전부터 줄다리기에서 이기는 마을에 풍년이 든다는 전설이 있거든요.

"영치기, 영차!"

풍물패들이 악기를 두드리고 깃발을 흔들며 응원했어요. 응원에 힘을 얻은 사람들은 마지막 힘을 쏟았어요. 줄이 팽팽해 곧 끊어질 것만 같았어요.

만복이도 이를 악물고 젖 먹던 힘을 다해 줄을 당겼어요. 그 덕분이었을까요? 만복이네 윗말이 줄다리기에서 이겼답니다. 사람들은 모두 박수를 치고 좋아했지만 만복이는 울상이었어요.

"킁킁, 이게 무슨 냄새람?"

"웬 구린내가 진동을 하네."

냄새를 맡던 사람들의 눈이 만복이를 향했어요. 만복이는 얼굴이 새빨개져서 집으로 달려갔어요. 줄을 당기는 데 힘을 너무 쓰다가 바지에 똥을 지리고 만 거예요.

"윗말이 이긴 것은 다 만복이 덕분이구먼."

"만복이가 벌써 거름 준비를 해 주었으니 올해 농사 대풍년이지."

어른들은 만복이 똥이 농사에 꼭 필요한 거름이 될 거라고 덕담을 했어요. 풍물 소리가 하늘 높이 울려 퍼졌고, 마을 사람들 웃음도 밤늦도록 그치지 않았어요.

예) 오누이는 하느님께 새 동아줄을 내려 달라고 기도했습니다.

뒤풀이
[뒤푸리]

어떤 작업이나 행사가 끝난 뒤 참여한 사람들이 함께 놀고 즐기는 일.

함께 뛰고 나서 함께 먹는 밥은 꿀맛

"민준아! 이따 시합 때 보자. 뒤풀이 때 아빠도 오실 거야. 잘해!"

오늘은 민준이가 속해 있는 축구부가 시합에 나가는 날입니다. 그동안 민준이네 축구부와 상대 축구부의 전적은 4승 1무 3패로 민준이네 축구부가 조금 앞섭니다. 하지만 민준이네 축구부가 최근 두 번을 연달아 졌기 때문에 자신만만해 하고 있을 수는 없습니다.

민준이는 아직 후보 선수입니다. 축구부에는 들어온 지 오래된 선배들이 많아서 아직 주전을 욕심내기에는 이릅니다.

그래도 희망은 있습니다. 지난번 경기 뒤풀이 때 코치님에게 칭찬을 받은 것이 큰 힘이 되었지요. 이번 경기에 후보 선수로 이름을 올리면서는 더 큰 용기를 얻었습니다. 축구부원 가운데는 이번 시합에서 후보 선수로 이름을 못 올린 친구들도 여럿입니다.

축구 시합은 근처 공원에 있는 축구장에서 열립니다. 비록 천연 잔디는 아니지만 인조 잔디가 깔려 있는 진짜 축구장입니다. 그동안은 학교 운동장에서만 했는데, 정식 축구장에서 시합을 하게 되니 가슴이 설렙니다.

'언젠가 주전이 되면 저 초록 위를 신나게 달릴 수 있겠지?'

드디어 시합이 시작됐습니다.

시합은 아주 팽팽하게 진행되었습니다.

주장을 맡고 있는 형이 기회를 잡았습니다. 한 명, 두 명, 세 명을 제치고 슛을 날렸습니다.

"아!"

탄식이 터져 나왔습니다. 공은 골대를 맞고 튕겨 나오고 말았습니다.

"자, 괜찮아! 가자!"

감독님이 선수들의 기운을 북돋아 주었습니다.

어느새 전반전이 끝나고 후반전도 절반 넘게 지나갔을 때였습니다.

"민준아, 교체 준비해라."

시합에 나가게 될 거라고는 기대도 하지 않던 터였습니다.

민준이는 후반전을 10분 남기고 교체 선수로 투입됐습니다. 민준이의 첫 번째 실전 시합입니다.

"민준아, 파이팅!"

어디선가 엄마 목소리가 들리는 것 같았습니다.

남은 10분을 어떻게 뛰었는지 잘 기억도 나지 않습니다.

시합은 1대 1 무승부로 끝났습니다. 조금 더 잘해서 이겼으면 좋았을걸 하는 아쉬움이 남습니다.

시합이 끝나고 다들 뒤풀이 장소로 갔습니다. 엄마 아빠 들이 미리 뒤풀이 장소에 와 기다리고 있었습니다.

감독님과 코치님이 오늘 시합에 대해 한마디씩 했습니다. 그리고 다들 맛있게 음식을 먹으며 이야기를 나누었습니다.

시합 때도 그랬지만 이렇게 같이 모여서 밥을 먹으며 이야기를 나누니 축구부가 정말 한가족같이 느껴졌습니다. 아마도 이런 게 뒤풀이의 힘인 것 같습니다.

예) 삼촌 결혼식이 끝나고 친척들끼리 간단하게 뒤풀이를 하러 갔다.

뒷전
[뒤쩐]

관심에서 멀어져 나중으로 미뤄 둠. 뒤쪽이 되는 차례나 위치.

 놀기만 해도 바쁜데 책이라니요

옛날에 김생이라는 양반이 살았어요. 보통 양반으로 태어난 남자들은 열심히 글공부를 하죠. 그래야 과거 시험에 붙어 벼슬살이를 할 수 있으니까요. 하지만 김생은 어릴 때부터 놀기를 좋아해서 항상 글공부는 뒷전이었답니다. 김생네 부모님은 어떻게 하면 아들에게 공부를 시킬 수 있을까 늘 골머리를 앓았지요.

김생도 양반인지라 까막눈은 면해야 했어요. 어려운 한자를 억지로 겨우 배웠지요. 서당에 다닌다는 아이들도 줄줄 왼다는 『천자문』을 김생은 떠듬떠듬 읽는 정도였답니다. 그러니 『소학』, 『명심보감』, 『논어』 따위는 감히 읽어 볼 엄두도 못 냈지요. 하지만 그렇다고 책 자체를 항상 멀리한 것은 아니었어요.

김생은 가끔씩 책들을 왕창 꺼내 왔답니다.

'어찌 책을 묵혀 둘 수 있겠는가? 머리에 집어넣지는 않더라도 머리에 베고는 있어야 하지 않겠는가?'

김생은 이리 생각하면서 책을 베고 낮잠을 쿨쿨 잤답니다.

 골머리를 앓다
해결하기 어려운 문제를 두고 머리가 아플 정도로 깊이 생각하다.

그런 김생이 장가를 들었어요. 김생의 부인은 이야기를 참 잘했답니다. 김생은 틈만 나면 부인에게서 재미난 이야기를 들었지요. 이야기가 얼마나 재미있던지 이때껏 김생이 즐기던 놀이는 뒷전이 되어 버렸지요.

그러던 어느 날 김생의 부인이 이러는 거예요.

"서방님, 이제 더 이상 해 줄 이야기가 없군요."

김생은 마치 맛있게 먹던 밥을 뺏긴 느낌이었어요. 하지만 해 줄 이야기가 없다는데 어쩌겠어요? 김생은 아쉬움에 입맛을 쩝쩝 다시며 물었지요.

"그런데 당신은 그 재미난 이야기를 어디서 들었소?"

"제가 어디서 그 많은 이야기를 들었겠어요? 이게 다 책 속에 있는 이야기이지요."

부인은 김생이 베고 자는 책들을 가리켰어요. 김생은 깜짝 놀랐답니다.

"아니, 뭐라고? 그렇게 재미난 이야기가 책 속에 있단 말이오?"

"네, 제가 글이 짧아 다 읽지 못해서 그렇지 책 속에는 서방님이 좋아하시는 이야기가 가득하답니다."

김생은 그때서야 깨달았답니다. 부인이 김생에게 책을 읽게 하려고 일부러 이야기를 들려주었다는 것을요. 김생은 뒷전으로 물린 책들을 다시 가져왔답니다.

"부인의 뜻을 이제야 알겠소. 내 이제부터라도 다시 글공부를 시작해 보겠소. 그래서 다음에는 내가 부인께 재미난 이야기를 해 드리리다."

김생은 그때부터 다시 글공부를 시작했답니다. 늦게 배운 도둑이 날 새는 줄 모른다더니, 한평생 뒷전으로 미루어 두었던 공부를 얼마나 열심히 파고들었는지, 김생은 나중에 아주 유명한 학자가 되었대요.

예 막상 컴퓨터 앞에 앉으니 숙제는 뒷전이 되고 게임부터 켜게 되었다.

등받이
[등바지]

의자에 앉을 때 등이 닿는 부분.

 ## 의자를 고를 때 제일 중요한 것

세환이가 책상에 앉아서 숙제를 하고 있을 때였습니다.

"자세가 이게 뭐니? 똑바로 해야지!"

엄마가 세환이 몸을 의자 등받이 쪽으로 일으켜 세우며 야단을 쳤습니다.

"이게 더 편하단 말이야. 똑바로 기대면 등이 너무 불편해."

"의자 등받이는 등이 편하라고 있는 건데 무슨 뚱딴지 같은 소리니?"

세환이는 엄마랑 한참이나 실랑이를 했습니다.

그날 밤이있습니다.

"세환이 의자가 불편하다고?"

집에 돌아온 아빠가 세환이 방에 들어와 의자를 세심하게 살폈습니다.

"등받이가 좀 불편하긴 하네."

"맞아요. 등받이가 불편해서 몸이 자꾸 앞으로 구부정해지는 거라고요."

"그럼 아빠가 세환이 등에 딱 맞는 등받이 의자를 사 주면 자세가 좋아질까?"

"그럼요. 당연하지요."

실랑이
서로 옥신각신 싸우는 일. 남을 못살게 굴거나 괴롭히는 일.

솔직히 자신은 없었지만 이렇게 대답하고 말았습니다.

며칠 뒤, 세환이는 엄마 아빠와 의자를 사러 갔습니다. 의자 종류가 이렇게 많을 줄은 정말 몰랐습니다. 크기도 등받이 모양도 가지각색이었습니다.

세환이는 그곳에 있는 의자에 차례로 앉아 보며 편한 의자를 찾아보았습니다. 하도 의자가 많아서인지 어떤 의자가 편하고 어떤 의자가 불편한지 알기가 어려웠습니다. 다 비슷비슷한 것 같았습니다.

주인아저씨가 말했습니다.

"의자는 등받이가 좋아야 해요. 그러니 허리와 등을 등받이에 대고 똑바로 앉아서 잘 살펴보세요."

주인아저씨가 말하는 좋은 등받이의 조건은 다음과 같습니다.

첫째, 척추의 S자를 잘 유지해 줄 수 있어야 하고,

둘째, 의자를 젖혔을 때 등받이가 등 전체를 지지할 수 있어야 하고,

셋째, 기댔을 때 등받이가 사람 움직임에 맞춰 적당한 각도로 움직이는 것

세환이는 주인아저씨 말을 생각하며 몇 번이고 의자에 앉아 보았습니다. 그리고 가장 편한 의자를 골랐습니다.

계산을 하고 가게를 나오는데 아저씨가 말했습니다.

"의자보다 더 중요한 건 앉는 자세예요. 알았지요?"

집으로 오는 길에 엄마 아빠가 다시 한 번 말했습니다.

"중요한 건 자세라는 말, 잊지 않았지?"

"그럼, 당연하지."

"넌 만날 자신이 없을 때는 더 큰 소리로 '그럼, 당연하지' 이렇게 말하더라?"

엄마의 말에 세환이는 속이 뜨끔했습니다.

예 등받이가 딱딱해 오래 앉아 있기 불편했다.

땔감
[땔깜]

불을 때는 데 쓰는 나무나 마른 잎.

 눈길 위의 세 소년

오늘 신비는 할아버지를 따라 인사동에서 열린 '김홍도 특별전'에 왔어요. 김홍도는 신비도 알 만큼 유명한 조선 시대 화가예요.

"김홍도는 조선 백성의 생활을 아주 잘 표현했지. 이번 전시회에서만 볼 수 있는 귀한 그림도 있을 거란다. 잘 봐 두렴."

그림은 옛날 시골 마을을 구석구석 잘 보여 주고 있었어요. 서당에서 매 맞고 우는 아이, 대장간에서 쇠를 두드리는 아저씨, 씨름하는 젊은 사람들, 장구와 태평소에 맞춰 춤추는 아이……. 그중에서 특히 신비의 눈을 끄는 그림이 있었어요.

신비는 그 그림 앞에 우뚝 멈춰 섰어요. 눈이 가득한 산등성이에 세 소년이 땔감을 하고 내려가는 중이에요. 한 소년은 뒷모습만 보였고, 두 소년은 이야기를 주고받고 있었어요. 셋 다 자기 키보다 높이 땔감을 쌓은 지게를 짊어졌어요.

"할아버지, 저 애들이 불쌍해요. 저렇게 잔뜩 땔감을 지고 가잖아요."

신비의 말에 할아버지가 조그맣게 속삭였어요.

"할아버지도 어릴 때는 땔감 하러 뒷산에 많이 다녔지. 힘들긴 하지만 재

미도 있단다. 여름에는 나무 열매와 칡뿌리도 먹고, 겨울에는 산토끼를 잡아 모닥불에 구워 먹기도 하고 참 즐거웠지."

신비는 다시 그림 속 아이들의 얼굴을 찬찬히 보았어요. 어쩐지 아이들의 표정이 밝아 보였어요. 신비의 귀에 아이들의 대화가 들리는 듯 했어요.

"땔감을 얼른 장에 내다 팔고 토끼몰이 하자."

"좋아, 이번에는 내가 위쪽에서 몰 테니 너희 둘은 아래를 맡아."

"야야, 시간 없어. 서두르자."

⑩ 추운 날을 대비하여 땔감을 마련했다.
⑪ 땔거리

맏이
[마지]

여러 형제자매 가운데서 제일 먼저 태어난 사람.

 첫째라는 이유만으로

"으앙, 엄마한테 이를 거야."

막내 민지가 울음을 터트렸습니다.

민아는 그런 민지의 모습이 기가 막혀 가만히 보고 있었습니다.

"아니, 넌 맏이가 돼서 왜 자꾸 동생을 울리고 그러니?"

엄마가 민아의 등을 한 대 내리치며 야단을 했습니다.

"내가 뭘 어쨌는데? 민아가 내일 쓸 학교 준비물을 엉망으로 만들었단 말이야. 맏이는 만날 참아야 해?"

"민지가 뭘 알아서 그랬겠니? 네가 알아서 조심해야지."

민아는 너무 억울했습니다. 민아는 분명히 준비물을 잘 챙겨 두었습니다. 그런데 잠깐 화장실에 간 사이 민지가 방에 들어와서 준비물을 망가트려 놓았습니다. 분명 민아는 잘못한 게 하나도 없습니다. 잘못한 건 동생 민지지요.

민아는 책을 펼쳤지만 글자가 눈에 들어오지 않았습니다. 자기가 왜 맏이로 태어나서 모든 책임을 져야 하는 건지 알 수가 없었습니다.

민아가 둘째 나이였을 때도, 또 막내 나이였을 때도 늘 참는 건 민아였습

니다. 동생들 나이였을 때도 민아는 양보하고, 스스로 알아서 해야만 했습니다. 엄마는 늘 동생들만 챙깁니다. 민아가 그 나이 때 할 수 있었던 것처럼 동생들도 할 수 있을 텐데 말입니다.

참 이상합니다. 왜 엄마 아빠는 맏이가 동생들의 잘못까지 다 책임져야 한다고 생각하는 걸까요?

"언니!"

민아가 분한 마음을 못 가라앉히고 씩씩대고 있을 때였습니다. 둘째 민서가 방에 들어오며 살며시 불렀습니다.

"왜?"

지난해까지만 해도 민아를 가장 괴롭히던 게 바로 민서였습니다. 올해 학교에 입학하고 난 뒤부터는 조금 의젓해졌지만요. 어쨌든 오늘처럼 맏이에게 책임이 돌아올 때면 민서에 대한 감정까지 나빠지고 맙니다.

"언니, 언니가 조금만 이해해 주라."

"왜, 만날 나만 이해해야 하는데?"

"있잖아. 나 언니가 엄마 같았던 것 같아."

민서는 언니는 늘 뭐든지 잘해서 엄마 같았다고 합니다. 그래서 엄마한테 투정을 부리듯이 그랬다고요. 또 언니는 뭐든지 잘하는데 자기는 잘하는 게 없어서 늘 기가 죽어 있었다고 했습니다. 엄마는 늘 언니는 잘하는데 너는 왜 그렇게 제대로 하는 게 없냐고 야단을 쳤다고 합니다. 맏이는 뭐가 달라도 다르다면서요.

뜻밖이었습니다. 엄마가 동생들을 자신과 견주며 야단쳤을 줄은 꿈에도 몰랐으니까요.

예 아빠는 맏이인 내가 동생들을 잘 보살펴야 한다고 말했다.
비 첫째
반 막내

말버릇
[말뻐른]

여러 번 되풀이하는 사이에 입에 밴 말씨.

 안 들킬 자신이 있다요

유정이는 요즘 이상한 말버릇이 생겼습니다. 말끄트머리에 '다요'라는 말을 붙이는 거지요. 친구가 하는 게 재미있어 보여서 몇 번 흉내를 냈는데, 어느샌가 버릇이 들었습니다.

친구들 사이에서 이렇게 말하는 건 괜찮습니다. 이미 친구들 가운데 여럿이 이렇게 말하고 있으니까요.

하지만 집에서만큼은 아주 조심해야 합니다. 엄마는 말버릇을 아주 중요하게 생각하거든요. 말버릇이 한번 잘못 들면 고치기가 어렵대요.

얼마 전에는 동생이 유정이한테 "언니, 미워! 바보 같아"라고 말했다가 엄마한테 아주 혼이 났습니다. 동생이 언니한테 바보라니 무슨 말버릇이 그러냐면서 한참을 야단맞았습니다. 사실 유정이는 별로 기분 나쁘지 않았는데 뜻밖에 동생이 크게 야단맞는 바람에 괜히 유정이가 미안해졌지요.

유정이의 새 말버릇은 아직 엄마한테 발각(發覺)되지 않았습니다. 유정이가 집에서만큼은 특별히 신경을 쓰기 때문입니다. 엄마한테 혼나는 게 싫기도 했지만, 이미 입에 붙은 말버릇이라도 신경만 쓰면 안

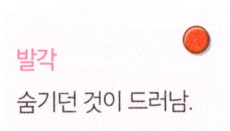
발각
숨기던 것이 드러남.

쓸 수 있다는 사실을 증명해 보이고 싶었습니다.

어느 날, 유정이는 학교에서 미술과 수학 시간에 연달아 두 번이나 칭찬을 받았습니다. 하늘을 날아갈 듯 기분이 좋았습니다. 이런 날은 흔치 않았습니다. 엄마한테 빨리 자랑을 하고 싶어졌습니다.

유정이는 집에 들어서자마자 외쳤습니다.

"엄마, 나 오늘 학교에서 칭찬받았다요!"

"정말? 무슨 칭찬을 받았는데?"

유정이는 신이 나서 엄마한테 이야기했습니다.

"지난번 우리 가족이 놀러 갔던 그림을 그렸는데, 가족들 마음이 그림에 잘 드러난다고 칭찬받았다요. 또 수학 시간엔 계산 잘한다고 칭찬받았다요."

엄마는 뿌듯한 눈빛으로 한참이나 유정이 이야기를 듣고 있었습니다. 그러다 갑자기 유정이 말을 끊고 말했습니다.

"그런데 유정이 너, 말버릇이 이상해졌는데? 왜 말끝마다 자꾸 '다요'라고 하니?"

유정이는 깜짝 놀라 두 손으로 입을 막았습니다. 새로 생긴 말버릇을 엄마한테 들키고 말았습니다. 이 일을 어쩌면 좋죠?

예 녀석, 말버릇이 고약하군.
비 말투 | 입버릇

매체 媒體 무엇을 한쪽에서 다른 쪽으로 전달하는 물체나 수단. 의사소통이나 예술 표현의 도구.

 메시지를 전달하는 배달부

방학이 다가오면 신문, 방송 등 각종 매체에서는 일제히 방학특집을 준비해요. 엄마는 신문에 소개된 기사를 읽고 이번 방학에도 미술관을 가 보자고 했어요.

나는 미술관이나 박물관은 딱 질색이에요. 무엇보다 조용히 눈으로만 구경해야 하는 게 싫었어요. 하지만 엄마는 렘브란트 전시회가 열린다고 아주 좋아했답니다. 렘브란트는 엄마가 좋아하는 화가예요.

나는 결국 엄마 손에 끌려 미술관으로 가야만 했지요.

"화가들은 왜 그림을 그려요?"

"글쎄, 자기 생각이나 느낌, 감정을 그림이라는 매체를 통해 전달하려는 게 아닐까? 그림은 화가의 메시지(message)를 감상자에게 전달하는 배달부인 거지."

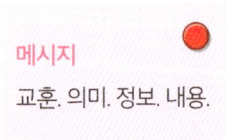
메시지
교훈. 의미. 정보. 내용.

나는 엄마가 무슨 말을 하는지 잘 몰라 눈만 껌뻑껌뻑거렸답니다.

"사람들은 누구나 세상과 소통하고 싶어 한단다."

내가 입을 삐죽 내밀자 엄마는 설명을 덧붙였어요.

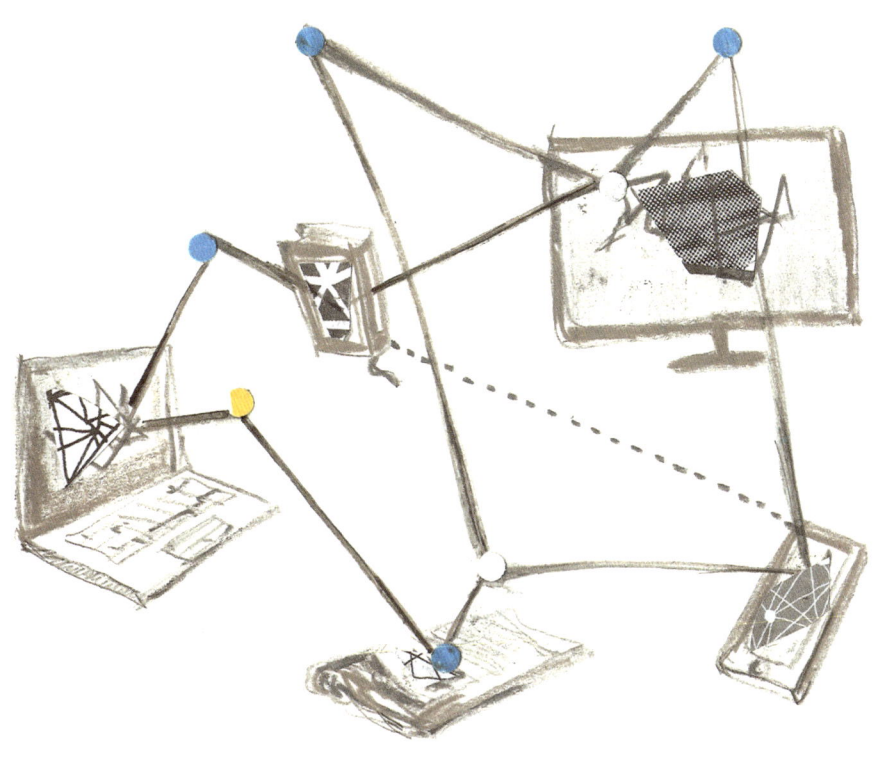

"책에서 봤는데, 화가들이 그림을 그리는 건 숨을 쉬는 거랑 똑같대. 글·그림·음악 등 매체는 다르지만 예술가들이 작품을 통해 자신을 표현하는 건 매한가지인 것 같아."

"그러니까 매체는 다르지만 다 자기 생각을 말한다는 거죠?"

"그렇지."

"왜요? 왜 자기 생각을 말해요?"

"말을 안 하면 어떻게 서로 이해하고 소통할 수 있겠니?"

나는 조용히 고개를 끄덕였어요. 뭔가 좋은 생각이 떠오르는 듯도 했죠.

우리는 미술관에 도착했어요. 입이 떡 벌어졌어요. 사람이 너무 많았거든요. 예약한 사람만 들어갈 수가 있대요. 우린 예약하진 않았죠.

"이런, 인터넷으로 먼저 알아볼걸. 인터넷이라는 좋은 매체를 두고 왜 그 생각을 못 했을까?"

엄마는 굉장히 안타까운 듯이 말했어요.

"엄마, 내 생각을 말해도 돼요?"

엄마는 나를 바라보았어요.

"이왕 나온 거 우리 장난감 박물관으로 가요. 장난감이란 매체를 통해 아들을 이해하고 소통하고 싶지 않으세요?"

엄마는 내 볼을 꼬집었어요.

"어림도 없다. 이 귀여운 녀석."

그 말과는 달리 엄마는 내 손을 잡고 장난감 박물관으로 발을 돌렸죠. 엄마랑 함께 장난감 박물관에 간다 생각하니 더 좋았어요. 좋은 건 좋아하는 사람이랑 함께하고 싶어지나 봐요. 그래서 엄마도 날 데리고 오고 싶었구나 하는 마음이 들었죠.

"엄마, 미술관 예약할 때 제 것까지 해 주세요."

"고맙다. 아들. 그럼 즐거운 마음으로 그림 볼 거지?"

"딩연히죠."

서로 이해하고 생각을 나눌 때는 솔직한 말이 최고의 매체인 것 같아요.

예 각종 방송 매체에서 잘못된 정보를 쏟고 있다.

몰두 沒頭
[몰뚜]

어떤 일에 온 정신이나 관심을 기울여 열중함.

 정말로 몰랐다니까

책만 펼쳤다 하면 호랑이가 와서 물어가도 모를 정도로 깊이 빠져드는 선비가 있었습니다. 하루는 선비의 아내가 일을 하러 나가면서 말했어요.

"마당에 콩을 널어놓았어요. 비가 오면 집 안으로 들여 주세요."

선비는 알았다고 했지요. 그날 오후에 비가 억수같이 쏟아져 내렸답니다. 아내는 당연히 선비가 콩을 집 안에 들여다 놓았으리라 여겼답니다. 하지만 집에 돌아와 보니, 콩을 널어놓은 멍석이 빗물에 쓸려 한쪽 구석에 처박혀 있는 거예요. 선비는 책을 읽는 데 너무 몰두하느라 비가 오는 줄도 몰랐던 거지요. 아내는 너무 화가 났어요.

"나는 먹고사느라 이렇게 고생하는데, 당신은 방 안에서 팔자 좋게 책이나 보고 있구려!"

선비는 아내에게 너무 미안했어요.

"미안하오. 책 읽는 데 몰두하느라 비가 오는 줄도 몰랐소!"

"거짓말 마세요. 비가 그리 요란하게 내렸는데, 그걸 몰랐다니 말도 안 돼요. 아무리 책에 정신이 빠졌다 해도 그 빗소리를 듣지 못했을 리가 없어요."

"아니오. 참말로 듣지 못했소. 몰두란 그런 것이오. 한곳에 온전히 정신을

집중하다 보면 주변 소리가 들리지 않는 수도 더러 있게 마련이오."

하지만 아내는 선비가 밖으로 나가기 귀찮아서 콩을 거두지 않은 거라 여겼어요. 그러자 선비도 화를 냈지요.

"그렇게 나를 믿지 못하는데 어찌 우리를 부부라 하겠소!"

"나는 집안 식구 먹여 살리지 못하는 남편은 필요 없소."

아내도 책만 보는 남편과는 더 이상 하루도 같이 있기 싫었답니다.

선비는 그길로 책을 들고 깊은 산속 절로 들어갔지요. 그곳에서 계속 글공부에만 몰두했어요.

10년 후, 선비는 당당하게 과거에 급제했습니다. 선비는 고을 원님이 되어 마을 행차를 나섰지요. 구경 나온 사람 중에는 선비의 아내도 있었답니다. 슬그머니 원님을 쳐다보던 아내는 깜짝 놀랐어요. 원님은 바로 10년 전 쫓겨 나다시피 떠난 자기 남편이었으니까요. 아내는 원님의 행차를 가로막고 섰지요.

"서방님, 저를 모르시겠어요? 당신의 아내랍니다."

아내는 10년 전처럼 초라한 모습이었습니다. 원님이 된 선비는 물을 한 바가지 떠 오라 시켰지요. 그리고 그 물을 땅에 뿌리고는 이리 말했답니다.

"저 물을 다시 바가지에 담을 수 있다면, 당신은 여전히 내 아내요."

아내는 눈물을 흘리며 뒤로 물러났지요.

"아, 나는 그때 왜 그렇게 공부에 몰두하던 남편을 구박했던가?"

아내는 땅을 치며 후회했지만, 아무 소용이 없었답니다.

예) 연습에 몰두하다 보니 점점 자신감이 생겼습니다.
비) 열중 | 골몰

물보라 물결이 바위 등에 세게 부딪히거나 솟구칠 때 사방으로 흩어지는 잔물방울.

 푸르게 몰려와 하얗게 부서지네

 순이는 바닷가 마을에 사는 소녀입니다. 나이는 일곱 살이고, 아래로 두 살박이 동생이 있습니다. 아빠는 순이가 다섯 살 때 바다로 나가 돌아오지 않았습니다. 엄마가 바다에서 조개를 캐다가 세 식구가 먹고삽니다.
 엄마가 일하러 나간 동안, 순이는 동생을 돌봅니다. 밥도 챙겨 주고 세수도 시켜 주고 소꿉장난도 합니다. 가끔 마을 아이들과 고무줄놀이도 하고 술래잡기도 하고 싶지만, 아무도 동생을 업고 있는 순이를 끼워 주지 않습니다.
 순이의 놀이터는 집 뒤란입니다. 뒤란 툇마루에 동생을 내려놓고 순이는 모래로 밥을 짓고 씀바귀로 반찬을 만듭니다. 움푹한 조개껍질은 밥그릇이 되고, 납작한 조개껍질은 접시가 됩니다.
 "기운아, 밥 먹자."
 순이가 나무판에 나뭇잎을 깔고 밥상을 차립니다. 먹는 시늉이라도 하면

좋으련만, 기운이는 조개그릇을 손으로 밀쳐 버립니다.

"밥, 밥, 배고파."

기운이가 징징거립니다. 배꼽시계가 꼬르륵 울리는 소리를 듣고, 그제야 순이도 점심이 되었다는 것을 알았습니다.

순이는 부엌으로 달려갑니다. 가마솥 뚜껑을 열자 찐감자 다섯 알이 담긴 접시와 숭늉대접이 놓여 있습니다. 감자를 먹을 때마다 목이 메지 않게 숭늉도 마시라는 엄마의 잔소리가 들리는 듯합니다. 순이는 엄마가 보고 싶습니다.

순이는 껍질을 벗긴 감자를 기운이 손에 들려 줍니다. 기운이는 감자를 허겁지겁 입에 넣고 나서 캑캑 기침을 합니다. 순이가 숭늉을 한 모금 마시게 합니다. 기침이 멎는 것을 보고 순이도 감자 하나를 벗겨 맛있게 먹습니다.

감자를 다 먹고 숭늉 한 방울까지 말끔히 비운 뒤 순이는 기운이를 업고 밖으로 나옵니다. 엄마가 바다 근처에 절대로 오지 말라고 했지만 보고 싶어서 참을 수 없습니다. 머리통을 한 대 얻어맞을 각오를 하고 바닷가로 나갑니다.

크르르 철썩. 오늘따라 파도가 거셉니다. 파도가 몰려와 바위에 부딪힐 때마다 물보라가 하얗게 흩어집니다. 물보라를 본 순이의 눈이 커집니다. 아빠를 마지막으로 본 날도 물보라가 무섭게 몰아쳤습니다. 자기도 모르게 순이의 볼에 눈물이 흘러내립니다.

"엄마……."

순이가 엄마를 부르며 눈물짓자 기운이도 으앙 울음을 터뜨립니다.

"아니, 왜 동생을 울리고 그러니?"

순이는 깜짝 놀라 뒤를 돌아봅니다. 엄마가 조개 광주리를 옆구리에 끼고 노려보고 있습니다. 아마 길이 엇갈린 모양입니다. 순이는 엄마를 향해 달려가 와락 안깁니다. 꿀밤을 한 대 주려던 엄마가 어리둥절한 표정을 짓습니다.

"난 엄마가 세상에서 제일 좋아요."

순이의 말에 엄마가 빙그레 웃습니다.

예 제방에 파도가 밀려와 물보라가 일었다.

물장구	헤엄치거나 물에서 놀 때 발등으로 물 위를 계속 치는 일.

 텀벙텀벙 첨벙첨벙

"덥다, 더워."

엄마가 점심밥을 차리면서 투덜거렸어요.

"진짜 덥네."

마당에서 개밥을 주고 들어오던 아빠도 얼굴에 손부채질을 했어요.

"아, 더워 죽을 것 같아."

밀린 방학 숙제를 하던 송이도 방에서 나오며 울상을 지었어요.

"우리 점심 먹고 물놀이 갈까?"

물놀이라는 아빠의 말에 엄마와 송이는 활짝 웃었어요.

"그럼 물놀이공원에 가는 거죠?"

송이는 신나서 소리쳤어요. 미끄럼도 타고 파도타기도 하는 엄청나게 큰 물놀이공원을 생각하면서요. 친구들에게 자랑할 생각을 하니 벌써 기분이 우쭐했지요.

엄마가 말했어요.

"얘는, 물놀이공원이 얼마나 비싼 줄 알아? 그냥 한강 수영장에 가서 물장구 좀 치면 되지."

아빠가 고개를 저었어요.

"우린 놀러 가는 게 아니라 더위를 피하러 가는 거라고. 그러니까 시원한 계곡이 최고야."

계곡이라는 말에 송이와 엄마의 표정이 동시에 일그러졌어요. 하지만 만날 바빠서 쉬지도 못하는 아빠를 위해 양보하기로 했어요.

점심을 먹자마자 아빠는 자동차를 씽씽 달려 북한산으로 갔어요. 차창으로 들어오는 바람이 시원했어요. 산줄기를 타고 올라가자 길옆으로 물소리가 콸콸 들렸어요.

송이네 가족은 간편한 옷으로 갈아입고 계곡으로 내려갔어요. 많은 사람들이 물속에 발을 담그거나 헤엄을 치며 놀고 있었어요.

먼저 아빠가 들어가 발로 있는 힘껏 발장구를 쳤어요. 물벼락을 맞은 송이와 엄마도 질세라 아빠를 향해 텀벙텀벙 발장구를 쳤어요.

한참 놀다가 송이는 아빠에게 헤엄치는 법을 배우기로 했어요.

"자, 아빠처럼 물장구를 쳐 봐!"

송이는 바위를 잡고 물속에서 첨벙첨벙 두 발을 들었다 놓았다 했어요. 계속 물장구를 치자 몸이 조금씩 뜨는 것 같았어요. 발등에 차가운 물이 닿았다 떨어질 때마다 기분이 상쾌했지요.

계곡에 오길 참 잘한 것 같아요. 계곡물이 수영장 물보다 열 배나 맑고, 이따금 부는 바람은 선풍기나 에어컨과 비교할 수 없을 만큼 시원했으니까요.

예) 물가에 나온 아이들은 신이 나서 물장구를 치며 놀았다.
대) 발장구

미닫이
[미다지]

옆으로 밀어서 열고 닫는 방식. 그런 문이나 창.

 옆으로 밀어서 열어요

규리는 오늘 청소 당번이라서 다른 날보다 늦게 학교를 나섰어요. 배가 고파요. 얼른 집에 가서 간식을 먹어야겠다는 생각뿐이었지요. 그래서 다른 날보다 훨씬 빠른 걸음으로 걸어갔어요.

"아, 맞다!"

규리는 갑자기 멈춰 섰어요.

"오늘부터 집을 수리하니까, 앞으로 2주 동안은 큰길 쪽에 있는 오피스텔로 와야 해."

분명 아침에 엄마가 몇 번이나 강조해서 말했는데, 자기도 모르게 집 쪽으로 걸어가고 있었어요.

규리네 집은 오래돼서 지저분하기도 했지만 겨울엔 찬바람이 솔솔 들어와 무척이나 추웠어요. 이번 수리에서 가장 공을 들일 부분은 바로 단열 공사예요. 겨울을 따뜻하게 날 수 있도록 대비하는 거지요. 창문도 열이 새 나가지 않게 바꾸기로 했어요.

사실 규리가 진짜 기대하고 있는 건 따로 있었어요. 방문을 다 미닫이문으로 바꾸기로 했거든요.

여닫이문은 세게 열고 닫을 때면 문이 벽에 부딪히곤 했어요. 문을 열어 놓았다가 바람이라도 불면 '쾅!' 하고 닫혀서 깜짝 놀란 적도 많았어요.

규리는 늘 여닫이문이 마음에 들지 않았어요. 하지만 어쩔 수 없다고만 생각했지요. 규리네뿐 아니라 다른 집들도 다 여닫이문이었으니까요.

친구 윤서네 놀러 가서야 문이 여닫이문만 있는 게 아니라 미닫이문도 있다는 사실을 알게 됐어요. 윤서네 방문은 모두 옆으로 밀고 닫는 미닫이문으로 되어 있었어요. 문을 옆으로 밀면 그 문이 벽 사이로 쏙 들어갔어요. 문을 아무리 세게 열어도 벽에 부딪혀 튕길 일이 없고, 바람이 분다고 갑자기 닫힐 일도 없었어요.

규리는 엄마가 집수리를 한다고 하자 얼른 미닫이문 이야기를 했어요.

"그럼 수리하는 데 시간이 더 걸리는데……."

엄마는 잠깐 망설였지만 규리가 미닫이문이 얼마나 좋은지 한참을 늘어놓자 결국 승낙했어요.

2주일이 지났어요.

규리네 가족은 깨끗하게 수리를 마친 집으로 돌아갔어요. 이 집이 예전에 살던 집이 맞나 싶었어요. 꼭 새로 지은 집 같았지요.

규리는 제일 먼저 미닫이문을 확인했어요. 생각했던 대로예요. 아주 마음에 들어요.

규리는 여닫이문을 열 때 닿던 벽을 바라봤어요. 예전엔 벽에 문고리 자국이 진하게 새겨 있었어요. 오랫동안 여닫이문이 벽에 부딪혀 생긴 자국이었어요.

이제는 벽에 그런 자국이 남는 일은 없을 거예요. 미닫이문은 벽에 부딪힐 염려가 없고, 그러니 늘 깔끔한 지금 모습 그대로를 유지하겠지요?

예 미닫이문이 잘 움직이지 않을 때는 문틀에 양초를 발라 줘요.

반나절   한나절의 절반.

 낮의 $\frac{1}{4}$

경태는 버스를 내릴 때부터 불길한 생각이 들었어요. 멀리 보이는 북한산은 꼭 사진으로 보았던 에베레스트산을 닮았어요. 경태는 아빠 얼굴을 빤히 올려다보았어요. 분명 동네 뒷산을 오르는 것과 큰 차이가 없다고 했었거든요. 아빠는 딴청을 피우는지 경태와 눈을 맞추려 하지 않았어요.

산길에 등산복을 멋지게 차려입은 사람들이 엄청 많았어요. 연세가 많은 할머니 할아버지도 더러 보였어요. 경태는 어기적어기적 산비탈을 올라갔어요. 아빠는 성큼성큼 앞서가더니 저만치 바위에 앉아 물을 마셨어요. 그러고는 헉헉거리며 올라오는 경태를 보고 놀렸어요.

"야, 우리 꼭 토끼와 거북이 같다. 나는 토끼, 너는 거북이."

아빠의 말에 경태는 약이 올랐어요. 살이 통통하게 쪘다고 놀리는 것 같았거든요.

"얼마나 더 가야 해요?"

"한나절."

"한나절이 몇 시간이에요?"

아빠는 대답하지 않고 다시 앞장서서 갔어요. 경태는 숨을 헉헉 몰아쉬었

어요. 이마와 등줄기에 땀이 주르륵 흘렀어요. 배낭에서 물을 꺼냈어요. 아직 얼음이 꽁꽁 얼어서 보기만 해도 시원했어요. 경태는 물을 마시고 산길을 타박타박 걸어 올라갔어요.

산등성이를 지나자 돌탑이 나왔어요. 경태는 아빠가 시키는 대로 돌탑 위에 돌 하나를 올렸어요.

"저기 좀 봐."

고개를 들고 보니 산봉우리가 손에 잡힐 듯했어요. 이제 절반은 온 것 같았어요.

"얼마나 남았어요?"

"반나절."

"그러니까 반나절이 몇 시간이냐고요?"

경태가 소리 질렀어요. 이번에도 아빠는 대답하지 않고 앞서 가 버렸어요. 경태는 화가 났지만 내려가기에는 이미 늦었어요. 씩씩거리며 아빠 뒤를 따라가는 수밖에 없었지요.

산꼭대기에 오르자 시원한 바람이 불었어요. 멀리 경태네 동네도 보이고 남산과 한강도 보였어요. 주위를 둘러보니 다른 사람들도 사진을 찍거나 간식을 먹으며 땀을 식혔어요. 경태도 엄마가 싸 준 김밥과 과일을 먹었어요. 정말 꿀맛이었어요.

내려오는 길은 몸이 훨씬 가벼웠어요. 마음에 여유가 생기자 올라올 때 보이지 않던 꽃과 나무와 풀벌레가 보였어요. 산에서 거의 다 내려왔을 때, 경태가 누그러진 말투로 물었어요.

"아빠, 반나절이 몇 시간이에요?"

"낮의 절반을 나절이라고 해. 반나절은 나절의 반이고. 시간으로 따지면 두세 시간 정도 될 거야."

경태는 고개를 끄덕거렸어요. 같은 시간인데 어떻게 부르느냐에 따라 느낌이 다르다는 게 놀라웠어요. 만약 아빠가 한나절이 아니라 네다섯 시간 걸린다고 했다면 어땠을까 생각해 보았어요. 아마 산을 넘다가 포기했을지도 몰라요. 경태는 한나절, 반나절이라는 말이 참 고마웠어요.

(예) 시험 공부 하느라 반나절을 꼼짝없이 집에 있었다.

발명 發明   그전까지 없던 기술이나 물건을 새로 생각하여 만들어 냄.

 전구의 탄생

갑자기 집 안의 불이 다 나갔습니다. 다른 집도 모두 깜깜합니다. 정전이에요.

이제 막 저녁을 먹고 재미있는 텔레비전 프로그램을 보려던 수민이는 맥이 탁 풀렸습니다.

"전기 말고 다른 방법으로 볼 수 있는 텔레비전은 없나?"

아빠가 수민이 말을 듣고 웃으며 말했지요.

"인간이란 동물의 슬픔은 전기가 없으면 아무것도 못 한다는 거지."

"왜요? 전구 대신 촛불을 켜고, 전기밥솥 대신 가스레인지에 밥을 하면 되잖아요."

"아, 물론 전구 대신 촛불을 쓸 수야 있겠지. 하지만 가스레인지도 전기가 없으면 켤 수가 없지. 처음에 불꽃이 탁탁 튀며 불이 붙는 거 알지? 이렇게 불꽃을 튀게 해 주는 게 바로 전기거든."

그러고 보니 집 안에 있는 많은 물건이 전기로 움직여요.

"전기라는 게 굉장히 중요한 거네. 아빠, 그럼 전기는 누가 발명했어요?"

"글쎄…… 아마 에디슨이 발명했을걸?"

아빠는 머뭇머뭇하며 대답했어요.

하지만 그 순간 수민이 눈에 아빠의 자신 없어 하는 모습은 들어오지 않았어요. 대신 한 사람이 눈앞에 떠올랐지요. 바로 척척박사로 불리는 민수입니다. 아무리 척척박사라지만 전기를 누가 발명했는지는 모를 거라는 생각이 들었습니다.

다음 날 수민이는 민수를 보자마자 물었습니다.

"민수야, 너 전기를 발명한 사람이 누군지 알아?"

"전기를 발명하다니, 무슨 소리야? 전기는 누가 발명한 게 아니야. 발견한 거라고."

"무슨 소리야? 발명한 게 아니라니? 또 발견은 뭐야?"

"발명이란 건 세상에 없던 것을 새로 만들어 내는 거고, 발견은 이미 있던 걸 처음으로 찾아내는 거야. 그런데 전기는 원래부터 있던 거잖아. '번쩍' 번개 몰라? 그게 바로 전기라고."

수민이는 혼란에 빠졌습니다.

"에디슨이 전기를 발명한 거 아니야?"

수민이는 기가 죽어 겨우 이렇게 물었지요.

"에이, 에디슨은 전기를 이용해서 전구를 만든 거지. '번쩍' 하는 번개처럼 전기는 원래 자연에 있던 거야. 사람들이 자연에 있는 전기를 계속 연구해서 실생활에서 이용할 수 있게 된 거지. 그러니까 전기는 발명이 아니라 발견된 거야. 사람들이 전기의 성질을 이용해서 세상에 없던 물건들을 발명한 거고. 즉 에디슨이 발명한 건 전기가 아니라 전구라 이거야"

민수 앞에서 수민이는 자꾸만 작아지는 것 같았습니다. 덩달아 아빠가 미워졌습니다.

예 장영실의 발명 덕분에 조선 사람들의 생활도 편리해졌다고 해.
비 개발

보람   어떤 일을 한 뒤에 얻는 좋은 결과나 만족감. 또는 일하며 느끼는 자랑스러움이나 자부심.

 힘들긴 해도 기분이 좋아

예진이는 아주 어릴 때부터 도서관에 다녔어요. 도서관에서 책을 읽기도 하고, 빌려 오기도 했어요. 또 도서관에서 열리는 강좌도 자주 들었답니다. 얼마 전 예진이는 도서관 게시판에서 자원봉사자를 모집한다는 글을 보았어요. 매주 토요일마다 두 시간씩 책을 꽂고 정리하는 일을 도와줄 사람을 찾고 있었어요.

"자원봉사 활동을 하면 재미도 있고 보람도 있어. 한번 해 보는 게 어때?"

엄마가 예진이에게 도서관 봉사를 해 보라고 권했어요. 예진이도 왠지 재미있을 것 같아 고개를 끄덕였죠.

하지만 막상 자원봉사를 하는 날이 되자 예진이 마음이 복잡해졌답니다. 늘 다니던 도서관이었지만, 자원봉사하러 간다고 하니 쑥스럽기도 하고, 귀찮기도 하고, 왠지 손해를 보는 느낌도 들었어요.

'하지만 약속이니까 오늘은 어쩔 수 없어.'

예진이는 딱 하루만 자원봉사를 해 보기로 했어요. 도서관 사서 선생님은 여느 때보다 더 반갑게 예진이를 맞이해 주었어요.

예진이에게 주어진 일은 간단했어요. 아이들이 어지럽게 흩어 놓은 책을 가지런히 정리해서 제자리에 꽂아 두는 일이었죠. 하지만 도서관 서가에 책을 꽂는 일은 쉬운 일이 아니었어요.

'괜히 자원봉사를 한다고 한 것 같아. 아무리 해도 뭐가 뭔지 모르겠는걸……'

수많은 책들 사이에서 책이 꽂혀야 할 제자리를 찾는 일은 생각보다 어려웠어요. 예진이는 몇 번이나 잘못된 자리에 책을 꽂았답니다. 그럴 때마다 사서 선생님은 친절하게 설명해 주셨어요.

"괜찮아. 처음에는 뭐든지 다 어려운 거야."

책 꽂는 방법을 배우다 보니, 금방 두 시간이 지나갔어요.

예진이는 그다음 주 토요일에도 도서관에 갔답니다. 또 그다음 주 토요일에도 도서관에 갔지요. 딱 하루, 그냥 재미 삼아 해 볼 거라고 생각한 예진이의 도서관 자원봉사 활동은 그렇게 시작되었어요. 가끔씩 귀찮아질 때도 있었지만, 예진이는 성실하게 스스로 약속을 지켰지요. 이제는 척척 책을 꽂게 되었고, 어디에 어떤 책이 있는지 눈 감고도 알 수 있었어요. 또 다른 친구들보다 먼저 새 책들을 보게 되었답니다.

"음, 이런 책도 있었네."

생각지도 못한 책을 발견할 때는 그 어느 때보다 더 기분이 좋았어요. 봉사하길 잘했다는 보람을 느끼기도 했죠.

'내 손길이 닿아서일까? 도서관이 아주 널찍한 내 방처럼 느껴져. 편안하고 아늑해!'

평소 집 가까이에 도서관이 있어 참 좋다고 생각은 했지만, 직접 봉사활동을 하다 보니 도서관이 더 친숙해졌어요. 마치 도서관의 주인이 된 느낌이었어요. 예진이는 친구들이 도서관에서 책 읽는 모습을 볼 때마다 은근히 보람을 느꼈어요. 예진이 자신도 이전에 누군가 정리해 둔 책을 아무 생각 없이 꺼내 보곤 했지요. 그동안 미처 몰랐지만 어쩌면 우리 생활 곳곳에서 많은 사람들이 다른 이를 위해 봉사하고 있을지 모른다는 생각도 들었답니다.

예) 이 일을 하면서 보람을 느끼나요?

| 보름 | 열다섯 번째 날. 또는 열닷새 동안. |

 ## 어른이 되기엔 짧은 시간

"엄마 다녀올게."

엄마의 목소리가 현관에서 들려왔어요. 혜지는 못 들은 체, 이불에 고개를 콕 박고 엎드려 있었어요. 혜지네 엄마는 교수님이에요. 외국의 학자들을 만나는 모임에 참석하기 위해 지금 제주도로 떠나는 중이에요.

"보름이나 못 보는데 안 나와 볼 거야?"

보름이라는 말에 혜지의 마음이 찌르르 아팠어요. 혜지는 보름이 며칠인지 몰랐어요. 15일이라는 걸 알았을 때, 너무 길게 느껴져서 놀랐어요.

아빠도 좋지만 혜지는 세상에서 엄마가 최고예요. 엄마는 가장 친한 친구 같기도 하고 어쩔 땐 언니 같기도 해요. 어젯밤 엄마가 보름 동안 제주도에 다녀오겠다고 했을 때부터 혜지의 얼굴은 울상이 되었어요. 지금까지 혜지는 엄마와 한 번도 떨어져 본 적이 없는 '엄마 바보'거든요. 사나흘도 아니고 보름이라니! 엄마 아빠가 아무리 달래도 혜지의 마음은 풀리지 않았어요.

사나흘
사흘이나 나흘. 사흘은 3일, 나흘은 4일을 뜻한다.

"엄마가 무슨 선물 사 올까?"

선물이란 말도 귀에 들어오지 않았어요.

'엄마가 내 곁에 있는 게 선물이야. 그러니까 제주도 가지 마.'

그 말이 목젖까지 밀고 올라왔지만 꾹 참았어요. 아빠가 시계를 보며 서둘렀어요.

"이러다가 늦겠어."

"엄마가 멋진 선물 사 올게. 아빠 말 잘 듣고 있어."

문 닫히는 소리가 들렸어요. 혜지는 베란다로 달려갔어요. 멀리 엄마의 모습이 콩알보다 작게 보였어요. 엄마의 차가 아파트 단지를 서서히 빠져나가 사라져 버리자 혜지는 울음을 터뜨리고 말았어요.

엄마 없는 하루는 아무 재미도 없었어요. 게다가 엄마는 하루가 다 되도록 전화 한 통 없었어요. 혜지는 하루 종일 풀 죽은 얼굴로 전화기만 바라보았어요.

"짠."

아빠가 종이 한 장을 내밀었어요. 알록달록한 엽서였어요. 틀림없이 엄마가 보낸 엽서일 거라고 생각한 혜지는 얼른 엽서를 빼앗아 읽었어요. 엄마는 공항에서 엽서를 쓴다고 했어요. 전화 대신에 매일 엽서를 한 통씩 쓰겠다고 했어요. 혜지는 엽서를 어루만지기도 하고, 코에 대고 냄새를 맡기도 했어요.

다음 날부터 혜지는 우편함에서 엽서를 기다렸어요. 엽서를 보면 엄마를 상상할 수 있어서 기분이 좋았어요. 엄마가 떠난 지 하루, 이틀, 사흘, 나흘, 닷새, 엿새, 이레, 여드레, 아흐레, 열흘…… 그리고 드디어 보름, 그러니까 15일째 되는 날, 마지막 엽서는 엄마로부터 직접 받았어요.

"우리 딸, 잘 있었어?"

혜지는 달려가서 어리광을 피우고 싶었지만 꾹 참았어요. 엄마에게 조금은 어른스러운 모습을 보여 주고 싶었어요. 오히려 엄마가 혜지를 꼭 껴안고

놓아 주지 않았어요.

"어어, 엄마 안 반가워?"

그러자 혜지도 더 이상 참을 수 없었어요. 엄마에게 매달려 얼굴을 비비고 오랜만에 엄마 냄새도 맡았어요. 혜지가 어른스러워지기엔 보름은 짧은 시간이었나 봐요.

예) 아빠가 해외 출장을 가셔서 보름 후에 오신다.

부담 負擔 · 어떠한 의무나 책임을 짐. 몸 어느 부분에 무리가 가서 힘들고 괴로운 느낌.

 어깨가 무거워

오늘은 피아노대회가 있는 날입니다.

긴장해서일까요? 평상시에는 먹는 것을 무척이나 좋아하는 유경이지만 오늘은 입맛이 없습니다. 아침 점심을 모두 먹는 둥 마는 둥 한 채 대회장에서 자기 순서를 기다리고 있습니다.

오늘 대회는 부담스럽습니다. 학교 대표로 뽑혀서 나온 대회입니다. 선생님은 물론 친구들까지 모두 잘하고 오라고 응원해 주었습니다. 고맙기는 하지만 만약 대회에서 입상하지 못한다면 모두들 무척이나 실망할까 봐 걱정이 앞섭니다. 부모님도 마찬가지고요. 그런 생각을 하자 유경이는 어깨가 무겁게 느껴집니다.

차례를 기다리는 동안 다른 아이들의 연주를 들어 봅니다. 다들 유경이보다 잘하는 것 같습니다. 다른 아이들의 연주를 듣다 보니 부담감이 더 커졌습니다. 손에서는 땀이 났습니다.

'다른 생각 말고 내 연주만 신경 쓰자. 남과 비교해서 부담을 느낄 필요는 없어!'

유경이는 마음을 다잡으려 애써 생각합니다.

어깨가 무겁다
책임감으로 마음에 부담을 느끼다.

드디어 유경이 차례입니다.

연주는 틀린 부분 없이 무사히 마쳤습니다. 결과는 장려상입니다. 휴, 다행입니다. 참가자 서른네 명 가운데 상을 받은 열두 명 안에는 들었으니까요.

대회가 끝나자 유경이는 갑자기 걷잡을 수 없이 배가 고팠습니다. 하루 종일 밥을 제대로 못 먹은 채 저녁때가 되었습니다.

"엄마, 우리 중간에 뭐 먹고 가자. 너무 배가 고파."

"이제야 마음이 좀 가벼워졌나 보네. 그래, 먹어야지."

유경이는 엄마와 분식집에 가서 김밥, 라면, 떡볶이를 시켰습니다. 그러고는 음식이 나오자마자 정신없이 먹었습니다.

"너 그렇게 먹다 위가 못 견디고 탈 난다. 천천히 먹어."

"아니야. 하나도 안 부담스러워. 걱정하지 마."

유경이는 하루 종일 먹을 양을 한 번에 먹어 치웠습니다.

집에 도착할 무렵이었습니다. 유경이는 속이 울렁거리기 시작했습니다. 이마와 등에서는 식은땀도 흘렀습니다. 머리도 아팠습니다.

"엄마, 나 속이 안 좋아."

"쯧쯧. 위에 부담된다고 천천히 먹으라고 그랬잖아. 결국 체했나 보네."

유경이는 집에 도착하자마자 먹은 걸 다 토해 내고 말았습니다.

유경이는 약을 먹고 그대로 침대에 쓰러져 아침까지 잠이 들었습니다.

아침에 눈을 뜨니 속이 허했습니다. 어제 하루 종일 굶다시피 하다가 저녁 때 먹은 걸 다 토해 냈으니 속에 들은 게 없습니다.

"엄마, 밥 줘."

"식탁에 전복죽 쒀 놨어. 그거 먹어."

"죽?"

유경이가 가장 싫어하는 음식입니다.

"어제 체했으니까 오늘은 위에 부담이 없는 음식을 먹어야지."

유경이는 기운이 쭉 빠졌습니다. 어쩔 수 없습니다. 어제 저녁 무리했으니 오늘은 조심해야지요.

예 그 일은 아이한테 너무 부담을 준다.

부리 새나 짐승의 주둥이. 주로 길고 뾰족하며 뿔처럼 딱딱하다.

 누구의 말이 옳은가

알을 낳을 때가 된 솔개가 적당한 장소를 찾아 하늘을 빙빙 돌고 있었어요. 아무 데나 알을 낳을 수는 없었지요. 알은 약해서 금방 깨져 버릴 수도 있거든요. 그때 눈에 들어온 것이 바로 두루미가 버리고 간 둥지였어요.

두루미는 긴 부리가 특징인 새예요. 부리로 길고 굵은 나뭇가지를 물어다가 튼튼하게 집을 짓기로 유명해요. 오래되어 낡긴 했지만 솔개는 두루미의 둥지가 썩 마음에 들었답니다. 솔개는 그곳에서 편안하게 알을 낳았어요.

시간이 흘러 알에서 귀여운 새끼가 태어났고, 먹을 것을 달라고 귀여운 부리를 오물거렸어요. 솔개는 솜털이 보송보송한 새끼들만 놔두고 먹이를 잡으러 나가는 것이 내키지 않았지만 어쩔 수 없었지요.

솔개가 먹이를 구해 둥지로 돌아와 보니 엄청난 일이 기다리고 있었어요. 두루미가 긴 부리로 새끼들을 괴롭히고 있는 거예요.

"두루미 너, 왜 내 새끼들을 못살게 구는 거야?"

솔개는 씩씩거리며 사나운 발톱으로 두루미의 날개를 잡아당겼어요. 두루미도 지지 않고 부리를 이용하여 솔개를 공격했어요.

"남의 둥지에 새끼를 낳은 주제에 뭘 잘했다고 큰소리야?"

"버린 거잖아."

"버리긴 누가 버려. 잠깐 여행 갔다 온 거라고. 내가 지었으니 내 집이야."

"흥, 무슨 소리야. 집을 고치고 가꾸느라 내가 얼마나 고생했는데."

두 새는 한 치도 물러서지 않았어요. 다른 새들은 선뜻 어느 쪽이 옳다고 편을 들 수 없었어요. 솔개 말을 들으면 솔개가 옳고, 두루미 말을 들으면 두루미가 옳았으니까요. 부엉이가 큰 눈을 껌벅이며 말했어요.

"우리 저 아랫마을 사는 학자 할아버지를 찾아가자."

학자 할아버지는 세상에 모르는 것이 없는 분으로 알려져 있었어요. 『자연과 인간 사회에 관한 모든 지식을 정리한 백과사전』이라는 어마어마한 책을 쓴 작가였거든요.

새들은 우르르 학자 할아버지네 집으로 몰려갔어요. 그리고 부엉이가 대표로, 찾아온 까닭을 들려주었어요. 할아버지는 한참 동안 골똘히 생각했어요. 그러더니 하늘을 보며 허허 웃고 고개를 흔들며 방으로 들어가 버렸어요. 세상에서 가장 똑똑한 할아버지도 솔개와 두루미의 다툼을 해결할 수 없었어요. 새들은 크게 실망하여 숲으로 돌아왔답니다.

솔개와 두루미의 싸움은 아직 끝나지 않았대요. 여러분은 누가 옳다고 생각하나요?

예) 「꽁지 닷 발 주둥이 닷 발」은 꼬리와 부리가 긴 괴물새의 이야기이다.
낱말 부리가 잡히다 : 종기가 곪느라고 한가운데가 뾰족해지다.
부리를 따다(헐다) : 이야기나 일을 시작하다.

분실물⁻紛失物   잃어버린 물건.

 잃어버린 떡을 찾아서

"퇴근 시간이라 사람이 많네."

빈자리를 찾아 두리번거리던 엄마가 투덜거렸어요.

엄마는 한 손에 수호 손을 잡고 다른 손에 할아버지 제상에 올릴 떡이 든 상자를 들고 있었어요. 떡 상자는 계속 들고 있기에는 엄청 무거웠어요. 엄마는 사람들 사이를 뚫고 안으로 들어가, 떡 상자를 선반 위에 올려놓았어요.

"수호야, 자리 났다. 얼른 가서 앉아."

엄마가 소리 질렀어요. 수호는 엄마가 시키는 대로 자리에 앉았지만, 부끄러워서 귀가 발갛게 달아올랐어요. 다음 정류장에서 수호 옆에 앉았던 젊은 아줌마가 일어났어요. 엄마는 번개보다 빨리 달려와 자리를 차지했어요.

엄마가 꾸벅꾸벅 졸기 시작했어요. 수호는 스마트폰으로 게임을 했지요. 게임에 깊이 빠져 엄마의 코 고는 소리도 들리지 않았어요.

이번 역은 금호역입니다.

　수호도 어느새 잠이 들었나 봐요. 안내 방송에서 귀에 익은 역 이름이 나와 눈을 떴어요. 수호는 엄마를 흔들어 깨웠어요.

　"엄마, 금호역에서 내려야 하지 않아요?"

　엄마는 놀란 토끼눈으로 바깥을 내다보다가, 수호 손을 붙잡고 후다닥 나왔어요. 두 사람이 빠져나오자마자 지하철 문이 닫혔어요.

　"하마터면 역을 지나칠 뻔했다."

　안도의 숨을 내쉬던 엄마 눈이 다시 휘둥그레졌어요. 그리고 슬금슬금 출발하는 열차를 바라보았어요. 그제야 수호의 머릿속에 떡 상자가 떠올랐어요.

　"어쩌나?"

발을 동동 굴렀지만 열차는 수호와 엄마를 기다려 주지 않았어요. 엄마는 분실물 보관 센터로 전화를 걸었어요. 그리고 열차번호와 열차칸 번호, 열차에서 내린 시간을 알려 주었어요. 엄마는 울먹이는 목소리로 덧붙였어요.

"오늘 밤 쓸 저희 아버님 제사떡이 들었어요. 떡이 없으면 제사 못 지내요. 꼭 부탁드릴게요."

잠시 후 엄마의 전화기가 울렸어요. 엄마 얼굴이 밝아졌어요.

"충무로역 유실물센터에 있다고요. 네, 감사합니다."

수호는 엄마와 열차를 타고 세 정거장 더 갔어요. 계단을 올라가자 유실물 센터가 보였어요. 지하철에서 잃어버리거나 실수로 놓고 내린 분실물을 보관하는 곳이었어요. 문을 열고 들어가자 분실물로 가득 찬 책상 위에 분홍 보자기로 싼 떡 상자가 보였어요. 엄마는 달려가 떡 상자를 부둥켜안았어요.

"저 아저씨들 참 고맙네요. 그쵸?"

"고맙다마다. 하지만 열차 번호와 칸 번호를 기억했다가 재빠르게 전화한 엄마의 공도 만만치 않아. 그렇지?"

엄마의 자기 자랑을 듣고 수호는 고개를 설레설레 흔들었답니다.

예) 왜 분실물을 찾아가지 않을까?
비) 유실물

분위기 雰圍氣
[부뉘기]

어떤 자리나 장면에서 느껴지는 기분. 주위를 둘러싸고 있는 상황이나 환경. 어떤 사람이나 사물이 지니는 독특한 느낌.

 공기의 표정

오늘은 아침부터 집안 분위기가 아주 냉랭합니다.

"일어났으면 빨리빨리 씻고 밥 먹어."

엄마의 목소리가 다른 날과는 아주 다릅니다.

아침이면 꼭 안아 주며 "민철아, 어서 씻고 밥 먹어야지?" 하던 엄마가 아닙니다.

하지만 엄마한테 불평을 늘어놓을 수도 없습니다. 어쩐지 분위기가 아주 심각해 보이거든요.

이럴 때는 엄마 말대로 빨리빨리 일을 해치우는 게 가장 좋습니다. 일단 목욕탕에 들어가서 얼른 씻습니다. 나와 보니 그새 식탁에는 밥이 차려져 있습니다. 얼른 밥을 먹고 후다닥 옷을 갈아입습니다. 덕분에 다른 날보다 학교 갈 준비가 15분이나 일찍 끝났습니다.

"학교 다녀오겠습니다!"

시간이 조금 빠르긴 하지만 인사를 하고 집을 나옵니다. 집안 분위기가 이럴 땐 피하는 게 가장 좋습니다. 괜히 집 안에서 꾸물대다가는 엄마한테 한바탕 잔소리를 들을지도 모릅니다.

민철이는 터덜터덜 걸어갑니다. 이른 시간이라 친구들도 보이지 않습니다.

민철이는 집안 분위기가 냉랭한 까닭을 곰곰 생각해 봅니다. 어젯밤 잠결에 엄마 아빠가 다투는 소리를 들었던 게 기억났습니다. 그리고 오늘 아침에 일어났을 때 아빠는 벌써 출근했는지 보이지 않았습니다. 아빠는 어젯밤에 엄마랑 부부 싸움을 하고 아침 일찍 나간 게 분명합니다.

"에잇, 뭐야? 나한테는 만날 싸우면 안 된다고 하면서 엄마 아빠는 싸우고 말이야. 분위기가 이게 뭐냐고?"

민철이는 신발을 바닥에 탁탁 내리치듯 걸으며 혼잣말을 내뱉었습니다.

공기가 눈에 보이는 생물체라면 오늘 아침 민철이네 집 공기는 아마도 아주 싸늘한 표정을 짓고 있지 않았을까 싶습니다.

그때였습니다.

"민철! 같이 가자."

상민이가 달려와 어깨를 툭 칩니다.

"야! 아프잖아. 왜 치면서 말하고 그래?"

"무슨 일 있어? 분위기 살벌하게 왜 그래?"

다른 날 같으면 아무렇지도 않을 일에 신경이 곤두섭니다.

학교에서도 하루 종일 공부가 잘되지 않습니다. 친구들과 놀아도 기분이 좋지 않습니다. 학교 수업은 끝났지만 집에는 가고 싶지 않습니다. 평소엔 가기 싫던 학원으로 곧장 달려갑니다.

저녁때가 되어 불안한 마음을 안고 문을 엽니다.

그런데 이게 웬일이죠? 아침과는 집안 분위기가 완전히 다릅니다.

"우리 아들, 하루 종일 힘들었지?"

엄마 아빠가 함께 환한 얼굴로 맞아 줍니다. 갑자기 냉랭했던 아침 분위기 때문에 하루 종일 마음이 좋지 않았던 게 억울하기만 합니다. 하지만 엄마 아빠가 화해한 건 정말 기쁩니다.

예) 어쩐지 축제 분위기가 느껴졌다.
관) 분위기 있다: 그윽하거나 멋있는 기운이 감돌다.

비늘 물고기나 뱀 같은 동물의 피부를 덮고 있는 얇고 단단한 조각.

 은빛 갑옷

작은 개울에 송사리, 미꾸라지, 꺽지, 쉬리, 붕어 등 여러 물고기가 살고 있었어요. 물고기들은 다툼 없이 서로 도우며 평화롭게 살았어요. 어느 날 붕어가 다른 물고기들을 불러 모아 놓고 말했어요.

"아무리 작은 개울이라 해도 위아래가 없으니 안 되겠다. 우리들 가운데 내가 가장 잘났으니 형 노릇을 해야겠구나."

"왜 네가 형이냐?"

송사리가 입을 삐죽거리자 붕어가 화를 버럭 내며 배를 불쑥 내밀었어요.

"내 몸과 네 몸을 비교해 봐."

붕어의 몸은 은빛으로 반짝거렸고 온몸을 덮고 있는 갑옷 같은 비늘이 아주 멋졌어요. 그에 비해 송사리의 몸은 작고 보잘것없었지요. 붕어가 풀 죽은 송사리에게 으스대며 말했어요.

"어때? 이만하면 내가 형 노릇 할 만하지?"

그날부터 다른 물고기들은 붕어를 형이라고 부르기 시작했어요. 사실 붕어가 형 노릇을 하려고 하는 까닭은 따로 있었어요. 붕어는 손 하나 까딱하지 않고 다른 물고기들이 물어 오는 물풀과 벌레를 날름날름 먹기만 했어요.

왜 먹기만 하고 일하지 않느냐고 따지기라도 하면 잡아먹을 듯 불같이 화를 냈지요. 물고기들은 겁이 나서 붕어에게 한마디 말도 못 하고 먹을 것을 갖다 바쳤어요. 붕어의 몫까지 두 배로 일하느라 힘이 들었지만 어쩔 수 없었어요. 시간이 지날수록 붕어는 살이 통통하게 쪘고 배만 볼록 튀어나왔어요.

어느 날 작은 개울에 천둥이 치고 회오리바람이 몰아쳤어요. 물고기들은 무슨 큰일이 났구나 싶어 납작하게 엎드리거나 개울 바닥 흙 속으로 작은 몸을 숨겼어요. 커다란 기둥 두 개가 개울 위를 저벅저벅 걸어 다녔어요. 기둥이 움직일 때마다 지진이 난 것처럼 물속이 쿵쿵 울렸어요. 그것은 물고기를 잡으러 온 어부의 다리였지요.

송사리나 꺽지 같은 작은 물고기들은 워낙 작아서 잘 보이지 않았어요. 미꾸라지도 미끈미끈 날쌘 몸으로 어부의 손길을 피해 재빠르게 도망쳤어요. 그러나 붕어는 워낙 살이 쪄서 몸을 쉽게 움직일 수 없었지요. 게다가 은빛 갑옷처럼 반짝거리는 비늘 때문에 어부의 눈에 바로 띄었어요. 어부는 별로 고생도 하지 않고 붕어를 잡아 어망에 넣은 후 집으로 돌아갔답니다.

붕어가 사라지고 난 후 개울에는 행복이 찾아왔어요. 그전처럼 욕심내지 않고 모두 열심히 일해서 스스로 자기 먹을 것을 구했어요. 그리고 아무도 더 이상 비늘 자랑을 하지 않았답니다.

예 그 물고기의 비늘은 무지개 색이었다.

뻐드렁니   밖으로 뻗은 앞니.

 ## 토끼처럼 귀여워

미영이의 별명은 '토끼'예요. 앞니가 길게 뻗어 나온 뻐드렁니라 친구들이 그런 별명을 붙여 줬어요. 심지어 친구들은 미영이의 생일 때 토끼 인형, 당근 모양 쿠션, 토끼가 그려진 학용품, 토끼가 주인공인 동화책을 선물했지요.

처음에는 미영이도 토끼라는 별명이 싫지 않았어요. 토끼는 착하고 귀여운 동물이잖아요. 그런데 토끼라는 별명이 싫어진 것은 엄마 때문이에요. 엄마도 미영이처럼 뻐드렁니였거든요. 집에 놀러 와서 엄마를 본 미영이 친구들이 엄마를 보고 '엄마 토끼' 같다며 웃었어요.

그 후 미영이는 누가 토끼라고 부르면 기분이 나빴어요. 몇 달 동안 엄마에게 치아 교정을 하겠다고 졸랐어요. 미영이가 밥도 먹지 않고 방에 틀어박혀 있자 엄마는 마침내 두 손을 들었어요. 미영이의 소원대로 치아 교정을 해 주기로 한 거예요.

토요일 오전, 미영이는 엄마 손을 잡고 이웃 동네에 있는 유명한 치과로 갔어요.

치과는 크고 깨끗하고 화려했어요. 환자들도 많아서 번호표를 뽑고 한참 동안 기다렸어요. 기계 돌아

 두 손을 들다
능력 밖의 일에 대해 포기하다. 다른 사람의 의견에 찬성하다. 뜻을 강조하기 위해 '두 손 두 발을 들다'라고 쓰기도 함.

가는 소리, 어린아이의 울음소리가 들리자 미영이는 가슴이 두근거렸어요.

드디어 간호사 선생님이 미영이를 불렀어요. 의사 선생님은 엄마 또래의 여자 분이었어요. 따뜻한 말투로 친절하게 미영이에게 이것저것 질문했어요. 미영이는 한결 마음이 놓였어요.

"혹시 어린 시절 충청도 청주에서 자라지 않으셨나요?"

의사 선생님이 엄마에게 물었어요. 엄마 고향을 어떻게 알았는지 신기했어요.

"맞아요."

"혹시 하늘초등학교?"

"그런데요."

"너, 김은정이지?"

엄마 눈이 커졌어요. 엄마도 의사 선생님 얼굴을 찬찬히 살폈어요.

"너, 상희구나, 박상희."

엄마와 의사 선생님은 서로 붙잡고 반가워했어요.

"우리 헤어진 지 30년 다 됐지? 너도 많이 변했구나. 못 알아보겠어."

"너도 마찬가지야. 그런데 네 토끼 이는 여전해. 웃을 때 엄청 귀여웠는데. 솔직히 네 뻐드렁니가 얼마나 부러웠다고."

뻐드렁니가 부러웠다고? 의사 선생님의 말에 미영이는 깜짝 놀랐어요.

"네 딸도 너를 꼭 닮았는걸? 웃는 게 어쩜 이렇게 귀엽니! 내 생각엔 불편하지만 않다면 굳이 교정하지 않았으면 좋겠어."

미영이는 혼란스러웠어요. 사실 학교에서 선생님과 친구들에게 귀엽다는 말을 자주 듣거든요. 또 엄마가 30년 만에 친구를 만난 것도 뻐드렁니 덕분이잖아요. 어쩌면 장점일지도 모르는 자기만의 개성을 버릴 필요는 없다고

생각했어요.

　미영이는 수줍게 고개를 끄덕거렸어요. 친구들이 아무리 토끼라고 불러도 기분 나쁘지 않을 듯했어요. 마음속에는 어느새 자신감이 뻐드렁니처럼 쑥쑥 자라났답니다.

예 내 동생은 뻐드렁니가 매력이다.
비 버드렁니

상황 狀況	어떤 일이나 현상이 이루어진 일정한 때의 모습이나 형편.

 조심, 조심, 불조심

　오늘 동근이네 반은 소방서로 견학을 갔답니다. 모두들 들떠 있었지요. 소방관 아저씨가 친절하게 설명을 해 주었어요. 무엇보다 동근이의 눈을 사로잡은 것은 소방차였어요. 소방차에는 큰 호스가 둘둘 감겨 있었어요. 건물을 부수고 들어갈 때 필요한 망치도 달려 있었어요. 물을 가득 실은 탱크도 있었어요.

"이 바람개비가 달려 있는 차는 뭐예요?"

호기심 많은 동근이가 물어보았어요.

"불이 나면 연기가 많이 나오지요. 그럴 경우 연기를 빼 주는 차예요."

　어디서 어떤 상황에서 불이 나느냐에 따라 사람을 구하는 방법도 다르고, 불을 끄는 방법도 다 다르대요. 가령 기름에 불이 붙은 상황에서는 물을 부으면 안 되지요. 부엌에서 요리를 할 때 종종 프라이팬 안에 있는 식용유에 불이 붙는 경우가 있어요. 이런 경우에는 프라이팬 뚜껑을 닫아 주면 된대요. 뚜껑이 공기를 차단시켜 불이 꺼진다고 해요.

　동근이와 친구들은 사다리차를 직접 타 보기도 했어요. 높은 건물에 불이 났을 경우에는 소방관 아저씨들이 사다리차를 타고 올라가 사람을 구해 주

기도 하고 불도 끈대요. 동근이와 친구들은 처음에는 신이 났지만, 사다리차가 점점 높이 올라가자 겁이 덜컥 났어요. 정말 소방관 아저씨들이 용감해 보였어요.

　소화기도 사용해 보았답니다. 먼저 소화기의 안전핀을 뽑고, 불이 난 방향으로 호스를 잡았지요. 그런 다음 손잡이를 꽉 잡고 눌렀어요.

　쏴―

　소화액 대신 물이 뿜어져 나왔어요. 아이들은 웃음을 터뜨렸어요. 지금은 화재 상황이 아니라 연습해 보는 경우라서 하얀 소화액 대신에 물이 들어 있었대요. 어쨌든 직접 소화기를 작동시켜 보니 신기하고 재미있었어요.

동근이네 반 친구들은 마지막으로 작은 강당에 모여서 불이 났을 때 대피하는 요령을 배웠답니다. 우선 절대 당황하면 안 된대요. 당황한 상태에서는 머릿속이 텅 비어 아무것도 하지 못하고 우왕좌왕하게 되니까요.

"하지만 어린이 여러분이 당황하고 싶어서 당황하는 건 아니잖아요?"

"네!"

"그래서 불이 날 경우를 대비해 미리 배우고, 또 연습도 해 보는 거예요."

동근이와 친구들은 소방관 아저씨가 하는 말을 하나도 빼먹지 않고 열심히 들었어요.

"맨 처음 불이 난 걸 알았을 땐 '불이야!' 하고 외쳐야 해요. 연기가 보이거나 냄새가 나면 옷가지에 물을 적셔 코와 입을 막고 낮은 자세로 건물을 빠져나오세요."

동근이와 아이들은 소방관 아저씨와 함께 "불이야!"를 외쳐 보기도 하고, 손이나 수건으로 입과 코를 막으면서 깜깜한 통로를 빠져나오는 연습도 했답니다.

하지만 무엇보다 중요한 건 불이 나기 전에 먼저 조심하는 것이지요.

"조심, 조심, 불조심!"

예) 만일의 상황에 대비해 준비를 철저히 하자.
비) 경우 | 상태

샅바
[샅빠]

씨름할 때, 허리와 다리에 둘러 묶어서 손잡이로 쓰는 천.

 불꽃 튀는 신경전

3교시 체육 시간입니다. 아이들은 신이 나서 운동장으로 몰려갔습니다.

"오늘은 씨름을 배워 보자."

선생님이 말했습니다.

"씨름이요?"

"갑자기 웬 씨름?"

아이들이 웅성거립니다.

"조용! 이번 체육대회에서 씨름 대회가 열린다. 그러니 씨름을 어떻게 하는 건지는 알아야겠지? 반 대표로 나갈 선수도 뽑아야 하고."

선생님은 남자끼리, 여자끼리 둘씩 짝을 지었습니다.

그리고 빨간색과 파란색의 기다란 천을 나눠 주었습니다. 씨름을 하려면 이 천을 허리와 다리에 둘러 묶어야 한다고요.

선생님이 앞에서 시범을 보이고, 아이들은 선생님이 매는 걸 열심히 따라 맸습니다. 선생님이 세 번이나 시범을 보였지만 따라 하기가 쉽지는 않았습니다. 한 번에 성공한 아이들은 거의 없었어요. 결국 선생님이 아이들 사이를 돌며 한 명 한 명 샅바 매는 방법을 가르쳐 주었습니다.

"자, 너희들이 이렇게 묶은 천을 샅바라고 한다. 씨름은 서로의 샅바를 잡고 일어서는 것으로 시작한다."

아이들은 둘씩 짝을 지어 무릎을 꿇고 마주 앉았습니다. 다음엔 자기의 오른쪽 어깨와 상대의 오른쪽 어깨를 붙이고 오른손으로는 상대의 왼쪽 허리 샅바를 잡고 왼손으로는 상대의 오른쪽 다리샅바를 잡았지요.

"야, 아프다고. 잘 잡아!"

샅바를 잡는 것이 생각만큼 쉽지가 않은 것 같습니다. 여기저기서 샅바 때문에 실랑이가 벌어졌습니다. 샅바를 잡힌 순간 상대에게 끌려가는 듯한 느낌이 들었기 때문입니다.

"그만! 샅바 잡은 손을 푼다."

말이 끝나기 무섭게 샅바를 잡은 손을 풀고 "휴—" 한숨을 내쉬는 아이들도 있었습니다.

"샅바를 잡아 보니 어떠냐? 샅바를 어떻게 잡느냐가 승패를 크게 좌우할 것 같지? 그래서 씨름은 샅바 잡기부터 시작되는 거라고 말하기도 한다."

"네. 맞아요. 팔씨름을 할 때도 손을 잡을 때 약간 이런 느낌이 나기도 하는데, 샅바를 잡을 땐 열 배, 아니 한 백 배쯤 더 나요."

민상이가 말했습니다.

"그래 맞다. 그래서 샅바 싸움이라는 말도 있지. 자신이 유리한 입장에서 경기를 하기 위해 샅바 잡기에서 실랑이를 버리는 걸 바로 샅바 싸움이라고 말한다. 즉, 경기의 주도권을 잡기 위한 싸움이라고 할 수 있다."

"그럼 그거 반칙 아니에요?"

"글쎄, 반칙으로 치지는 않지만 정정당당한 방법이라 할 수는 없지. 샅바 싸움이 지나치면 관중도 외면을 하게 된다."

어느새 체육 시간은 끝났습니다. 오늘 체육 시간은 샅바랑 한바탕 실랑이만 벌이다 끝난 것 같습니다.

예) 총각은 윗옷을 훌훌 벗어젖히고, 샅바를 단단히 착용한 다음 모래판으로 올라섰다.

서리

공기 중에 있는 수증기가 땅이나 물체에 닿아서 부옇게 잔얼음으로 얼어붙은 것.
떼를 지어 남의 과일·곡식·가축 따위를 훔쳐 먹는 장난.

 신통이의 시골 가을밤

점심시간이 끝난 후 과학 시간이었어요. 봄 햇살이 따뜻했어요. 아이들은 자꾸 감기는 눈꺼풀을 들어 올리느라 애쓰고 있었어요. 창가에 앉아 있던 신통이는 더 참지 못하고 꾸벅꾸벅 졸기 시작했지요.

"서리란 말이지, 날씨가 추운 밤공기 중에 있는 수증기가 얼어서 부옇게 엉긴 것을 말한단다. 즉 서리는……."

선생님이 이슬과 서리에 관해 설명하고 있을 때, 신통이는 꿈나라를 헤매고 다녔어요.

꿈속에서 신통이는 시골 외할머니 댁에 갔어요. 외할머니 댁은 농촌 마을이라 수박, 참외, 오이, 고구마 등 먹을 것이 널려 있지요. 그곳에서 사촌 창수 형, 영수와 함께 밤마다 서리를 다녔어요. 한여름 코주부 할아버지네 수박밭에 들어가 가장 잘 익은 수박을 따다가 냇가에서 나눠 먹는 맛은 말로 표현할 수 없었어요. 어느 해 가을 고구마를 캐다가 불을 피워 놓고 구워 먹는 맛도 최고였지요. 집에서 먹을 때는 별맛 없던 것들이 여럿이 서리해서 먹으면 꿀맛으로 변하는 게 신기했어요.

신통이는 군고구마의 고소한 맛을 느끼며 자기도 모르게 침을 주르륵 흘렸어요. 뭐가 좋은지 눈을 감고 헤벌쭉 웃고 있는 신통이를 보며, 선생님은 고개를 절레절레 흔들었어요.

"박신통!"

선생님의 호통 소리에 신통이는 자리에서 벌떡 일어났어요.

"서리는 고구마 서리가 최고입니다."

신통이가 잠이 덜 깬 목소리로 중얼거렸어요. 아이들의 웃음소리가 물결처럼 퍼졌어요.

"서리가 뭐 어떻다고? 다시 한 번 말해 봐."

"그러니까 서리는……."

그제야 신통이는 잠에서 깨어 정신을 차렸어요. 뭔가 잘못 대답했다는 것을 알았지요.

"신통이가 꿈나라에서 고구마 서리를 한 모양이구나. 예전에는 서리를 아이들의 놀이로 여겼지만 요즘은 아냐. 농부들이 봄부터 가을까지 힘들게 농사지은 작물에 함부로 손대는 것은 옳지 않아."

신통이는 부끄러워 아무 말도 못 했어요. 선생님이 칠판을 가리키며 말했어요.

"박신통, 칠판을 보고 열 번 읽도록 해."

신통이는 큰 소리로 칠판 글씨를 읽었어요.

"서리란 맑고 바람 없는 밤에 기온이 영하로 내려갈 때……."

신통이의 우렁찬 목소리 덕분에 친구들의 잠도 멀리 달아나 버렸답니다.

- 지난밤에 서리가 많이 내렸다.
- 서리 이다: 머리카락이 하얗게 세다.
  서리 맞다: 권력이나 난폭한 힘 따위에 큰 타격이나 피해를 입다.
- 서리 맞은 구렁이: 행동이 굼뜨고 힘이 없는 사람을 비유적으로 이르는 말.

속셈
[속쎔]

마음속으로 하는 궁리.

 뛰는 이리 위에 나는 여우 있다

제 꾀에 제가 넘어간다는 말이 있어요. 마음속으로 너무 여러 번 생각하다가 오히려 자기가 피해를 입는다는 뜻이지요. 옛이야기 속 이리도 제 꾀에 속아 넘어갔어요. 이리에게 어떤 사연이 있는지 살펴볼까요.

어느 날 동물의 임금 호랑이가 큰 병이 들었어요. 산속의 모든 동물이 선물을 싸 들고 병문안을 왔지요. 이리를 비롯하여 오소리, 담비, 노루, 살쾡이, 토끼, 사슴 등 수많은 동물 가운데 여우만 아직 병문안을 오지 않았어요. 평소 여우와 사이가 나쁜 이리가 그 틈을 이용해 여우를 모함했어요. 이번 기회에 여우를 내쫓으려는 속셈이었지요.

"임금님, 여우란 놈은 아주 몹쓸 녀석입니다. 호랑이 없는 골에 여우가 왕이라는 아주 이상한 소문을 내고 다니며, 임금님이 하루빨리 돌아가시기를 바라고 있답니다."

호랑이는 화가 잔뜩 났어요. 가뜩이나 몸도 아픈데 그런 말을 들으니 더 기분이 나빴지요. 여우가 눈앞에 있으면 가만두지 않겠다고 이를 바드득 갈았답니다.

그때 건너편 산에 사는 친척집에 갔다 뒤늦게 도착한 여우가 굴 밖에서 이

리의 말을 들었어요. 여우는 얼른 꾀를 하나 생각해 내고 호랑이 앞으로 나갔어요.

여우를 본 호랑이가 당장 집어삼킬 듯 으르렁거렸어요. 여우는 눈 하나 깜짝하지 않고 태연하게 말했어요.

"임금님, 저야말로 진짜 충성스러운 신하입니다. 다들 입으로만 걱정했지 임금님 병을 낫도록 하기 위해 노력한 동물이 있습니까? 저는 임금님 병을 고칠 방법을 찾느라 늦은 것입니다."

"그 방법이 무엇이냐? 당장 말해 봐라."

호랑이가 숨을 헐떡거리며 어서 말하라고 재촉했어요. 여우는 일부러 늑장을 부리다가, 손가락으로 이리를 가리키며 말했어요.

"방법은 딱 한 가지, 바로 저 이리의 가죽을 벗겨서 몸에 두르는 것입니다. 따뜻하게 몸에 두르고 있으면 곧 병이 나을 것입니다."

호랑이는 즉시 이리의 가죽을 벗겨 오라 명령했어요. 여우를 골탕 먹이려다 죽게 된 이리는 어이가 없어 소리쳤어요.

"여우 이놈! 거짓말로 나를 죽이려는 속셈이구나!"

여우가 이리만 들을 수 있게 작은 목소리로 말했어요.

"나의 속셈을 따지기 전에 너의 마음 씀씀이를 돌아보거라."

예 무슨 속셈이 있는 게 틀림없다.
비 꿍꿍이

| 수거 收去 | 거두어 감. |

 재활용에 대해 생각하다

"어휴, 재활용 쓰레기가 너무 쌓였네. 이걸 어쩌지?"

엄마가 재활용 쓰레기를 정리하며 말했습니다.

소민이네 아파트 단지는 일주일에 한 번씩 재활용품을 수거합니다. 재활용품 수거일이면 집집마다 모아 두었던 재활용품이 한꺼번에 밖으로 쏟아져 나옵니다. 그럼 다음 날 새벽에 수거차가 와서 가지고 가지요.

얼마 전까지만 해도 재활용품은 언제든지 내놓을 수 있었습니다. 언제고 재활용품을 분류해서 정해진 곳에 내다 놓으면 일주일에 한 번씩 수거차가 와서 수거해 갔습니다.

수거차가 일주일에 한 번만 온다는 건 예전과 똑같지만 집 안 모습은 많이 달라졌습니다. 일주일 동안 재활용품을 쌓아 둬야 하기 때문인지 집 안이 답답해 보였습니다. 게다가 사정이 있어서 수거일에 재활용품을 내놓지 못하면 상황이 심각해집니다. 오늘처럼 말이에요.

소민이네 식구는 지난주 재활용품 수거일에 시골 할아버지 댁에 다녀왔습니다. 금요일 밤에 출발해서 일요일 오후에야 집에 돌아왔습니다. 재활용품 수거일은 토요일이었지요. 결국 재활용품은 이주일 동안이나 집 안에 쌓여 있게 됐습니다.

소민이는 문득 '예전처럼 재활용품을 언제든지 내놓을 수 있었으면……' 싶었습니다. 하지만 예전에 늘 아파트 단지 한쪽에 너저분하게 가득 쌓여 있던 재활용품 더미가 생각났습니다. 집 안이 깨끗한 대신 아파트 단지 전체가 너저분했던 셈입니다. 예전 모습이 떠오르자 이번엔 다시 일주일에 한 번만 내놓는 것이 더 좋은 것 같습니다.

소민이는 엄마를 도와 재활용품을 정리했습니다. 과자를 먹고 나서 남은 쓰레기도 보입니다. 남은 건 종이 상자, 그 속에 들어 있던 플라스틱 틀, 그리고 과자를 하나씩 포장했던 비닐……. 과자보다 남은 쓰레기가 더 많은 것 같습니다.

"엄마, 과자 하나만 먹어도 나오는 게 무지 많아."

"그러게 말이다. 다 우리가 한 번 먹을 때마다 나오는 것들이잖아?"

정말이었습니다. 공장에서 나오는 음료수나 과자, 통조림뿐 아니라 마트에서 사 온 야채나 고기도 모두 플라스틱 받침에 포장되어 있었습니다.

음……. 뭔가 이상합니다. 아무래도 분리수거 이전에 재활용 쓰레기를 덜 만드는 방법을 생각해 봐야겠습니다.

예) 오래된 가전제품을 고물상에서 수거해 갔습니다.

숨구멍
[숨꾸멍]

숨을 들이쉬고 내쉬는 구멍. 답답한 상태를 조금 낫게 해 주는 무엇.

 숨이 들고 나는 길

은비는 요람에 누워 있는 아기 얼굴을 바라보았어요. 그러고는 아기와 몇 살 터울이 지는지 손가락으로 꼽아 보았어요. 은비가 초등학교 2학년이니 꼭 여덟 살 차이가 났어요.

아기는 인형처럼 귀여웠어요. 눈은 동그랗고, 얼굴은 하얗고, 피부는 말랑말랑했어요. 아기가 은비를 보며 손발을 꼬물거렸어요. 은비는 앙증맞은 손과 발에 입을 맞추어 주었어요.

숙제를 하기 위해 일어나던 은비는 아기 정수리에 붙은 보푸라기를 보았어요. 보푸라기를 떼어 주려고 조심스럽게 손을 뻗어 아기의 머리카락 사이를 더듬고 있을 때였어요.

"뭐 하는 짓이야?"

엄마의 고함 소리에 은비의 어깨가 움찔했어요.

"내가 뭘?"

"아기 정수리를 만지면 어떡해?"

"아니, 은찬이 머리에……."

은비는 말을 끝내기도 전에, 엄마에게 손목을 붙잡

정수리
머리 위의 숫구멍이 있는 자리.

혀 거실로 나왔어요. 은비는 숨이 콱 막히는 것 같아 그만 울음을 터뜨리고 말았어요. 엄마는 은비의 말을 들을 생각도 하지 않았어요.

"뚝 그치지 못해."

아빠가 퇴근하고 들어오다가 무슨 일이냐고 물었어요. 엄마는 은비가 아기 정수리를 만져서 혼내는 중이라고 대답했어요.

"은비야, 정말 아기 정수리를 만졌어?"

아빠가 묻자 은비는 고개를 저었어요. 아빠가 은비를 다독거렸어요.

"아기들은 정수리에 숨구멍이 있어. 거길 누르면 큰일 난단 말이야. 그래서 엄마가 화난 거란다."

은비는 울음을 삼키고 또박또박 말했어요.

"아기 머리에 보푸라기가 떨어져 있어서 떼어 주려고 한 거예요. 엄마는 알지도 못하면서……."

은비는 또 울음이 나와 더 이상 말할 수 없었지요. 자기 방으로 돌아와 침대에 엎드려 엉엉 울었어요. 잠이 들락 말락 할 때, 엄마 아빠가 은비 방으로 들어왔어요.

"당신, 얼른 은비한테 사과해."

엄마가 쭈뼛거리다가 모기만 한 소리로 중얼거렸어요.

"은비야, 엄마가 오해해서 미안해."

아빠는 엄마를 선생님처럼 무섭게 꾸짖었어요.

"우리 은비, 은찬이가 우리 집 숨구멍이야. 앞으로는 함부로 오해하거나 의심하면 안 돼."

은비는 화가 쉽게 풀리지 않았어요. 하지만 숨구멍이라는 말이 참 듣기 좋았어요. 은찬이라는 동생 이름도 마음에 들었어요. 동생과 더 가깝게 느껴졌지요. 은비는 잠결에 아기 이름을 가만히 불러 보았어요.

예 오늘 시험이 끝나면, 며칠은 숨구멍이 트이겠지.

> **시늉** 어떤 움직임이나 모양, 소리 등을 비슷하게 따라 하는 짓.

 진짜 친구를 알아보는 법

나그네가 혼자 길을 가고 있었어요. 힘들게 고갯길을 넘어가는데, 누군가 뒤에서 부르는 소리가 났어요. 돌아보니 어떤 사람이 헐레벌떡 뛰어오고 있었습니다. 자기도 고개를 넘어야 하니 같이 가자는 것이었습니다. 고갯길 너머는 곧장 깊은 산길이 이어져 있었지요. 숲길은 혼자 가기 무서웠는데, 참 잘되었다고 생각했어요.

두 사람은 나이가 비슷해서 금방 친구가 되었답니다. 함께 길을 가니 무섭지 않고 오히려 즐겁기까지 했어요. 새 친구는 굉장히 명랑하고 쾌활했지요. 우스갯소리도 잘하고 원숭이처럼 남의 흉내도 잘 내는 친구였죠. 혼자 이 시늉 저 흉내를 다 내는데, 어찌나 그럴듯한지 마치 배우 같았습니다.

나그네는 새 친구의 재미난 이야기를 듣느라 숲속에서 곰이 나타난지도 몰랐답니다. 원숭이처럼 흉내를 잘 내던 친구는 곰을 보자마자 말도 없이 바로 나무 위로 올라가 버렸습니다.

혼자 남은 나그네는 어찌할 줄을 몰랐죠. 달아나면 도리어 곰이 쫓아올까 봐 나그네는 땅바닥에 널브러져 죽은 체했습니다. 곰이 다가와 주둥이로 나그네의 냄새를 킁킁 맡았어요. 나그네는 숨도 쉬지 않았답니다. 죽은 시늉을 하고 있었죠. 곰은 죽은 사람은 손대지 않는다는 이야기를 들은 적이 있었기 때문이랍니다. 곰이 배가 불렀는지, 아니면 정말 나그네를 죽은 사람이라고 착각했는지는 모르겠어요. 천만다행으로 곰이 조용히 가 버리는 게 아니겠어요?

그제야 나무에 올라갔던 친구가 내려왔습니다.

"이보게, 친구. 정말 혼이 났겠구먼."

나그네는 아무런 대꾸도 하지 않고 자리에서 일어났습니다.

"아까 곰이 자네 귀에다 대고 뭐라고 하는 것 같던데, 뭐라던가?"

나무에 올라갔던 친구는 냄새 맡는 곰 흉내를 내면서 물었습니다.

"곰이 말하길 친구 흉내를 내는 사람과는 사귀지 말라고 하더군."

나그네의 말에 나무에 올라갔던 친구는 그제야 미안하다는 듯이 쩔쩔매는 시늉을 했어요. 그러고는 억울하다는 듯이 말했어요.

"친구 사이에 왜 이러나? 미안하네. 하지만 정말 어쩔 수 없었어. 자네라도 그랬을 것이야."

"나라면 위험에 빠진 친구를 내버려 두고 혼자 달아나진 않아. 그건 친구가 아니지. 자넨 친구 시늉을 한 거지."

그러고는 혼자 길을 떠났답니다.

> 예 부러 넘어지는 시늉을 하는 연기자를 보고 아이들은 웃음이 터져 나왔다.
> 비 흉내

시청 視聽

눈으로 보고 귀로 들음.

 ### 드라마에 빠진 아빠

예진이네 아빠는 텔레비전 시청을 그다지 좋아하지 않았어요. 뉴스나 스포츠 중계 말고는 별로 볼 게 없대요. 하지만 엄마랑 예진이는 드라마를 좋아해요. 그럴 때마다 아빠는 "텔레비전은 바보상자야. 머리가 나빠져"라고 말하곤 했죠.

"여보, 그런 고리타분한 말을 하다니. 요새는 학교에서도 다 시청각 수업을 해요. 요즘 애들은 태어나면서부터 영상을 보고 자란 세대예요."

엄마 말에 아빠가 깜짝 놀랐어요.

"진짜야? 텔레비전을 켜 놓고 수업을 해?"

"아니, 텔레비전이 아니라 컴퓨터로 해. 인터넷이 다 연결되어 있는걸."

도리어 놀란 건 예진이에요. 텔레비전이 없는 교실은 상상할 수도 없는걸요. 아빠는 세상 좋아졌다고 했죠.

그랬던 아빠가 요즘 역사 드라마에 푹 빠지게 되었어요. 퇴근이 늦어질 땐 아예 스마트폰 DMB로 시청하기까지 했어요.

그러던 어느 날, 아빠가 즐겨 보는 드라마가 야구 중계로 결방했어요. 아빠는 성난 황소처럼 콧김을 내뿜었어요.

"아니, 회사 회식도 빠지고 일찍 들어왔건만, 결방이라니 말도 안 돼."

아빠는 이제 정말 열혈 시청자가 되었나 봐요. 예진이랑 엄마는 아빠를 보고 깜짝 놀랐어요. 아빠는 컴퓨터를 켜더니 드라마 홈페이지로 들어갔어요. 그러고는 시청자 게시판에 글을 썼지요.

드라마 관계자께.

드라마를 사랑하는 시청자입니다. 아무런 예고도 없이 갑자기 결방이라니, 너무하십니다. 전국의 수많은 시청자를 무시한 이런 사태는 두 번 다시 일어나서는 안 됩니다. 예고 없이 결방한 것을 시청자에게 사과하십시오.

예진이와 엄마는 서로 마주 보며 입을 쩍 벌렸답니다.
"늦게 배운 도둑질에 날 새는 줄 모른다더니……."
한 편의 드라마로 아빠가 이렇게 바뀔 줄은 꿈에도 생각지 못했죠.
다음 날, 예진이랑 엄마, 아빠는 나란히 앉아서 함께 드라마를 시청했답니다.

예 시청자 여러분, 안녕하십니까?

신세 身世/身勢   처지나 형편. 다른 이에게 도움을 받거나 폐를 끼치는 일.

 ### 지네 아내

장가를 못 든 사내가 있었어요.

"남들 다 가는 장가를 나는 왜 못 갈까. 내 신세가 참으로 불쌍하다."

이 사내는 어릴 때 부모님이 모두 돌아가시고 일가친척 하나 없이 떠돌아다니는 신세였지요. 가진 것도, 배운 것도 없었으나 마음은 착했답니다. 하지만 처지가 이렇다 보니 도무지 장가를 들 수가 없었어요.

사내는 이렇게 살 바에야 콱 죽어 버리는 게 낫겠다 싶어 산으로 갔습니다. 아, 그런데 산속에서 한 처녀가 나무에 목을 매 죽으려 하고 있지 뭐예요. 사내는 부리나케 달려가 처녀를 구했지요. 귀한 목숨을 왜 스스로 끊으려 하냐고 물으니까, 처녀가 하는 말이 나이가 찼는데도 시집을 못 가서 죽으려고 했다는 거예요. 사내는 옳거니, 서로 처지가 같으니 같이 살자고 했어요. 사내는 처녀에게 장가가고, 처녀는 사내에게 시집오면 되니까 죽을 이유가 없었지요. 처녀도 좋다고 했어요.

둘은 처녀의 집에 살림을 차리고 어엿한 부부가 되었어요. 그런데 부부가 된 다음날부터 아내는 어디서 난 돈인지 사내에게 매일 석 냥씩 주며, 맘껏 쓰다 오라고 했지요. 가난한 처지에 어디 제대로 돈을 써 봤을까요. 사내는

늘 받은 돈을 그대로 가져 왔어요. 그러니까 아내는 그 돈으로 공부를 하라는 거예요. 그래서 사내는 서당을 다니면서 열심히 공부를 했지요. 이렇게 10년을 공부하니, 그도 어엿한 선비님이 되었지요.

"야, 내가 부인을 잘 만나 신세가 피는구나."

사내가 이러면서 집으로 가는데, 어떤 스님이 사내를 불러 세웠어요.

"자네 집에 있는 여자는 사람이 아니라 천 년 묵은 지네라네."

사내는 깜짝 놀랐지요. 스님은 담뱃진을 건네주면서 밤에 잘 때 부인 얼굴에 담배 연기를 뿜어 보라는 거예요. 그러면 지네로 변해 죽을 거라나요?

사내는 밤새 잠을 잘 수가 없었어요.

'비록 지네라고는 하나, 날 먹여 주고 재워 주고, 공부까지 시켜 준 고마운

아내가 아닌가? 그 신세를 갚지는 못할망정 어떻게 내가 아내를 죽일 수가 있겠는가?'

설사 다음 날 지네에게 물려 죽을 처지에 내몰린다 해도 사내는 그 결심을 잊지 않겠다 다짐했지요. 그러자 자고 있던 아내가 스르륵 일어나는 거예요. 사실 아내는 사내가 길에서 스님을 만난 걸 다 알고 있었대요. 사내가 담배를 꺼내면 꽉 물어 버릴 생각도 했답니다. 스님의 말대로 자신은 천년 묵은 지네이지만, 그 스님도 못된 이무기래요. 이무기 자신도 하늘에 못 올라갔는데, 지네가 하늘로 올라간다는 게 참을 수 없어서 훼방을 놓았던 것이지요.

"저는 내일이면 하늘로 올라가게 되었습니다. 서방님도 이제 가난하고 배운 것 없는 총각이 아니라 멋진 선비가 되셨으니, 새 삶을 사시기 바랍니다."

이리 말하면서 아내는 절을 하고 스르륵 안개처럼 사라졌대요.

다음 날 아침 사내가 산에서 내려오다 보니, 길에 커다란 이무기 한 마리가 죽어 있더래요.

그 후 사내는 새장가 들어 잘 먹고 잘살았대요.

> **이무기**
> 오랜 시간 수련했으나 아직 용이 되지 못한 구렁이. 전설 속에 자주 등장한다.

예 이대로 주저앉아 신세 한탄만 하고 있을 순 없지.

실감實感　　실제로 체험한 느낌.

 이제야 알겠어

　　태민이는 친구들 사이에서 겁이 없기로 유명합니다. 아무리 무서운 것을 봐도 눈 하나 깜짝 안 하거든요.

　　오늘, 태민이는 친구들과 함께 놀이공원에 가기로 했습니다. 놀이공원은 태민이네 집에서 별로 멀지 않습니다. 지하철로는 세 정거장, 버스를 타면 15분 정도 걸립니다.

　　놀이공원에 오랜만에 가는 만큼 아침부터 저녁까지 하루 종일 놀기로 했습니다.

　　"드디어 입장! 우리 뭐부터 탈까?"

　　"바이킹 어때?"

　　"난 무서운 건 싫은데……."

　　민국이가 주저하며 말합니다. 아무래도 모두 함께 같은 놀이기구를 타기는 어려울 것 같습니다. 결국 두 모둠으로 나누어 타고 싶은 걸 실컷 타다가 점심 때 만나기로 했습니다.

　　태민이는 창식이와 같이 바이킹, 샷드롭, 도깨비바람을 차례로 탔습니다. 워낙 인기 있는 놀이기구라서 탈 때마다 길게 늘어선 줄에서 오래 기다

려야 했습니다. 이렇게 세 개를 타고 나니 친구들이랑 만나기로 한 점심시간입니다.

   신나게 놀 때는 몰랐는데 갑자기 배가 고파졌습니다. 생각해 보니 설레는 마음에 아침에 밥도 제대로 안 먹고 그냥 나왔습니다. 어찌나 배가 고프던지 '뱃가죽이 등에 붙는다'는 말을 실감했습니다.

   밥을 잔뜩 먹고 나니 몸이 좀 노곤해졌습니다. 이때 창식이가 말했습니다.
"우리 귀신의 집에 가 보면 어때? 졸음이 단숨에 사라질 것 같지 않아?"
무서운 건 질색이라던 민국이가 찬성합니다.
"시골 할아버지 댁 근처에 귀신 나온다는 집이 있었거든. 거기에 가 보고 싶긴 했는데, 무서워서 못 가 봤거든. 그 대신 여기라도 한번 가 보고 싶어."

① 이름하는 낱말: 명사

다 함께 귀신의 집에 들어갔습니다. 사실 태민이는 귀신의 집에는 별 관심이 없었습니다. 가짜라는 게 뻔하니 무서울 것도 없다 생각했습니다.

그런데 이게 웬일이죠? 으스스한 분위기, 물컹한 발의 감촉, 갑자기 툭 튀어나오는 귀신들 때문에 정신이 하나도 없었습니다.

"으악!"

결국 태민이가 가장 소리를 많이 지르고 말았습니다.

귀신의 집에서 나온 태민이는 그만 그 자리에 주저앉고 말았습니다. 이 세상에 무서울 건 하나도 없다고 생각했는데, 이제야 무섭다는 게 어떤 건지 실감한 거지요. 자존심이 상하는 건 겁이 많다고 생각했던 민국이는 아무렇지도 않다는 사실이었습니다.

집에 돌아온 태민이는 그대로 거실 바닥에 드러누웠습니다. 도무지 꼼짝달싹할 수가 없었습니다. 녹초가 되었다는 게 어떤 건지 온몸으로 실감하면서 말입니다.

예 하루 종일 놀고 나서야 내일 시험이라는 게 실감 났다.

실망失望   일이 바라는 대로 되지 않거나 기대에 어긋나서 마음이 상함.

 우정이 고작 이런 거야

"실망이다, 박서우."

정수는 그 한마디를 툭 던지고 자기 자리로 돌아갔어요. 표정이 얼음처럼 차가웠어요. 서우는 가슴을 주먹으로 세게 얻어맞은 것 같았어요.

'어떻게 나한테 그렇게 심한 말을……'

정수가 화난 까닭은 성적표 때문이에요. 어제 서우는 집으로 돌아가는 길에 아파트 단지 마트 앞에서 정수네 엄마를 만났어요. 정수네 엄마는 서우를 보자마자 성적표 얘기를 꺼냈어요.

"서우야, 성적표 나왔다면서? 넌 성적 올랐니?"

"네."

서우는 무심코 대답하고 나서야 후회했지요. 정수가 혹시라도 엄마를 만나면 성적표 나왔다는 말을 절대로 하지 말라고 했거든요. 정수는 성적이 떨어졌다고 완전 울상이었어요.

수업 시간에 서우는 정수가 했던 말이 떠올라 선생님 말이 귀에 들어오지 않았어요. 물론 서우가 실수하긴 했지만 실망이라니요. 둘은 1학년 때 친해진 후로 5년 내내 단짝이었어요. 긴 시간 동안 쌓은 우정이 고작 그 정도라는 게 슬펐어요.

"박서우, 왜 대답을 안 해?"

선생님의 목소리였어요. 아마 선생님이 서우에게 질문을 했었나 봐요.

"왜 대답을 안 해? 너 딴생각했구나? 자, 다섯 번 따라 해. 수업 시간에 딴생각 하지 않겠습니다."

친구들 앞에서 잘못을 다섯 번씩 반복해서 말하는 것이 서우네 반 벌칙이었어요. 서우는 부끄러워서 얼굴이 빨갛게 달아올랐어요.

자리에 앉은 서우는 슬며시 화가 나기 시작했어요. 도저히 참을 수 없었지요. 쉬는 시간에 정수에게 할 말을 생각해 보았어요.

'고작 그런 일로 실망했다고? 우리 5년 우정이 그것밖에 안 되나? 좋아, 나도 너한테 실망이다.'

드디어 수업을 마치는 종이 울렸어요. 서우가 자리에서 벌떡 일어났을 때, 눈앞에 정수가 서 있었어요.

"서우야, 미안. 아까는 너무 화가 나서 그랬어. 어제 엄마한테 성적 떨어졌다고 무지 혼났거든. 진심으로 사과할게. 그 대신 내가 햄버거 쏜다."

서우는 화를 내려다 꿀꺽 삼켰어요. 서운했던 마음이 어느새 얼음 녹듯 스르르 풀렸어요. 정수가 햄버거를 사 주겠다고 해서 화가 풀린 거 아니냐고요? 물론 솔깃하긴 했지만 그게 전부는 아니에요. 서우는 무엇보다 5년 우정이 무너지지 않았다는 것이 무척 기뻤답니다.

예 나는 이번 수학 시험 점수에 실망했다.
비 실의

| 쓸모 | 쓸 만한 가치. 쓰이게 될 분야나 부분. |

 경우에 따라 달라요

중국 고대 철학자 장자의 책에 나오는 이야기랍니다.

하루는 장자가 산에서 나무를 베는 사람을 만났답니다. 그 사람은 주변의 나무를 모조리 베는데, 유독 한 나무만은 베지 않고 그대로 두었어요. 아름드리 커다란 나무는 가지와 잎도 아주 무성했어요.

장자가 물었어요.

"이보시오, 왜 이 나무는 베지 않는 것이오?"

나무 베는 사람이 대답했어요.

"이 나무는 아무짝에도 쓸모가 없는 나무랍니다. 이 나무로 배를 만들면 무거워서 가라앉고, 그릇을 만들면 깨지지 일쑤이지요. 어디 그뿐인가요. 문짝을 짜면 진이 흘러나온답니다. 기둥으로 세워 두면 좀이 먹지요. 쓸데가 없는 나무랍니다."

장자는 고개를 끄덕였어요.

"이 나무는 아무런 쓸모가 없어 이때껏 살아남았구나."

산에서 내려온 장자는 친구의 집을 찾아갔답니다. 친구는 오랜만에 찾아온 장자가 너무 반가웠어요. 친구는 하인에게 일러 거위를 잡아 요리해 오라

고 했답니다.

하인이 물었어요.

"주인어른, 한 마리는 잘 울고 다른 한 마리는 잘 울지 않습니다. 어느 녀석을 잡을까요?"

거위는 한밤중에 잠을 자다가도 낯선 사람의 기척이 들리면 꽥꽥거린답니다. 거위를 키우는 집에는 도둑들이 얼씬도 못하지요.

"울지 못하는 녀석을 잡아라. 쓸모 있는 녀석은 살려 줘야지."

이 말을 들은 장자는 허허 하고 웃었답니다. 나무는 쓸모가 없어 살아남고, 거위는 쓸모가 없어 죽게 된 것이지요.

쓸모 있고, 쓸모없음은 좋고 나쁨의 문제가 아니랍니다. 누가 어디에 어떻게 사용하려 하느냐에 따라 쓸데 있다, 쓸데없다로 나뉠 뿐이지요.

㉮ 학용품은 쓸모를 생각해서 꼭 필요한 것을 고릅니다.
㉯ 쓸데

안목眼目   사물의 가치를 알아보는 능력.

 세상에서 가장 값진 도자기

옛날에 갑돌이라는 사람이 살았어요. 갑돌이는 아주 씀씀이가 큰 사람이었죠. 갖고 싶은 게 있으면 이것저것 가리지 않고 닥치는 대로 물건을 샀어요. 그러다 보니 항상 돈이 부족했죠. 갑돌이는 옆집에 사는 을동이에게 자주 돈을 빌려다 썼어요. 그때마다 갑돌이는 내일 갚아 주마, 하고 빌려 가서는 도무지 소식이 없었지요.

어느 날 을동이는 화가 나서 갑돌이에게 돈을 내놓으라고 했죠.

"내가 돈이 어디 있나? 없으니 빌리는 게 아니겠는가?"

그러자 을동이는 갑돌이를 마을 원님에게 끌고 가려고 했답니다.

'아이쿠나, 큰일 났다!'

을동이가 전에 없이 진지하단 것을 깨달은 갑돌이는 꾀를 냈답니다. 지난번에 시장에 가서 산 싸구려 도자기를 하나 들고 나와 거짓말을 했지요.

"내가 돈을 갚고 싶어도 당장 갚을 돈이 없으니까 우선 자네가 이걸 갖게나. 우리 집안에서 대대로 내려오는 아주 귀한 도자기라네."

을동이가 도자기를 보니 반짝반짝한 게 아주 비싸 보이기는 했어요. 하지만 도자기를 보는 안목이 없으니, 그게 얼마나 가치 있는 물건인지 알 수 없었지요.

을동이는 도자기를 보는 안목이 아주 뛰어나다는 장사꾼에게 갔어요.

"아주 귀한 물건이로군요. 파실 생각이 있다면 제가 사겠습니다."

을동이는 좋아라 하면서 냉큼 도자기를 팔아 버렸죠. 이 소식을 들은 갑돌이는 배가 아팠어요.

"내가 물건 보는 안목이 없어서 귀한 도자기를 헐값에 넘겼구나!"

갑돌이는 생각하면 할수록 그 도자기가 더욱 탐이 났어요. 갑돌이는 장사꾼을 찾아가서 다시 그 도자기를 사려고 했답니다. 하지만 장사꾼은 도자기를 팔려고 하지 않았어요.

"임금님께 선물로 드릴 만큼 값진 도자기요."

그럴수록 갑돌이는 그 도자기가 더 갖고 싶었어요. 갑돌이는 잔뜩 빚을 내서 장사꾼이 달라는 만큼 돈을 주고는 다시 그 도자기를 샀답니다. 도자기가 깨어질까 봐 조심조심 길을 걸어가는데, 어떤 노인이 이러는 거예요.

서푼
한 푼짜리 엽전 세 개라는 뜻으로, 아주 보잘것없는 값.

"아니 서푼짜리 도자기를 뭘 그리 보물단지처럼 들고 다니는 거요?"

서푼짜리라니! 갑돌이는 도자기 보는 안목이 영 없다고 노인을 비웃었답니다.

"내가 도자기를 만든 지 50년이 넘었는데, 도자기 보는 안목이 없다니 말도 안 되는 소리!"

갑돌이는 이상한 생각이 들어 다시 장사꾼에게 달려갔죠. 그랬더니 장사꾼은 벌써 도망을 가고 없었답니다.

"엉엉…… 속았구나, 속았어. 물건 보는 안목도 없는 주제에 이렇게 비싼 도자기를 사다니."

울고 있는 갑돌이를 보고 노인은 혀를 찼습니다.

"자네 안목을 탓할 게 아니라 애초에 남의 돈을 빌리고도 갚지 않으려고 한 마음을 탓하시게나."

그러자 갑돌이는 다시금 도자기를 고이 껴안았답니다.

"이 도자기 값이 바로 정직이군요."

비록 비싼 값을 치르긴 했지만, 그 도자기는 갑돌이에게 삶을 바라보는 아주 훌륭한 안목을 키워 주었답니다.

예 좋은 생선을 고를 줄 아는 안목이 있구나.

야단법석 野壇法席
[야단법썩]

부처의 가르침을 설명하기 위해 야외에 마련한 설법의 자리.
많은 사람이 모여 매우 떠들썩하고 어수선하게 떠드는 모양.

 시끌시끌 북적북적

떠들거나 시끄럽게 굴면 어른들이 야단법석 떤다고 나무라지요. 야단법석이란 몹시 떠들썩하고 소란스러운 상황을 말해요. 원래는 불교에서 나온 말로, 들판(野)에 단(壇)을 쌓고 부처님의 말씀(法, 불법)을 듣는 자리(席)라는 뜻이에요.

야단법석이란 말은 원효대사와 관련이 있어요.

원효대사가 누구냐고요?

신라 시대 아주 유명한 스님으로 우리나라 불교를 발전시킨 분이에요. 당나라로 유학을 가던 중 동굴에서 잠을 자다가 해골에 든 물을 마시고, 다음 날 아침 깨달음을 얻었다는 바로 그분 말이에요.

원효대사가 경상도 양산의 한 절에서 공부를 하고 있을 때였어요. 원효대사는 만 리 밖을 내다보는 능력이 있었대요.

어느 날 원효대사의 눈에 위험에 빠진 사람들 한 무리가 보였어요.

"어허, 저 사람들을 어쩌나!"

"무엇을 보고 그러십니까?"

"당나라 종남산 운제사라는 절에 사람들 천 명이 모여 있는데, 뒷산에서 큰 바위가 굴러떨어져 절을 덮치려고 하는구나."

원효대사는 찻상으로 사용하던 널빤지에 '신라의 원효가 널빤지로 사람들을 구하다'라고 써서 공중으로 날려 보냈어요. 널빤지는 만 리를 날아가 운제사 마당으로 쾅 소리를 내며 떨어졌어요. 절 안에 모여 있던 사람들은 놀라서 밖으로 뛰어나왔어요. 그 순간 뒷산 큰 바위가 굴러떨어져 절을 덮쳤어요. 절은 폭삭 무너졌지만 다치거나 죽은 사람은 없었어요.

사람들은 널빤지에 쓰인 글자를 보고 원효대사 덕에 목숨을 구한 것을 알았지요.

"우리가 살아난 것이 모두 원효대사님 덕분이군요."

"원효대사님을 찾아 신라로 갑시다."

천 사람이 널빤지를 들고 원효대사를 찾아 신라로 왔어요. 그리고 원효대사에게 부처님의 말씀을 해 달라고 간곡하게 청했어요.

원효대사는 만 리 길을 찾아온 당나라 사람들을 모른 체할 수 없어 내원암이라는 작은 절을 짓고 사람들에게 부처님의 말씀을 전하려고 했어요. 하지만 사람들이 워낙 많아 절에서 모임을 갖기 어려웠어요. 그래서 내원암 뒷산 너른 들판으로 갔지요.

천 명이나 되는 사람이 모이니 항상 장터가 열린 것처럼 떠들썩하고 시끄러웠겠지요. 그래서 지금도 시끌시끌하고 북적거리는 것을 보면 '야단법석'이라는 표현을 쓰곤 한답니다.

예) 설날 사촌 동생들이 놀러 와 온종일 쿵쾅거리며 야단법석을 떨었다.

엉겁결
[엉겁껼]

뜻하지 않은 순간.

 나도 모르게 튀어나온 말

성민이는 같은 반 보미를 속으로 좋아했어요. 보미는 얼굴도 예쁘고 마음씨도 착해요. 그래서 인기투표를 하면 많은 남자아이들이 보미에게 표를 던지곤 해요. 요즘 들어 성민이는 보미 때문에 괴로워요. 자기도 모르는 사이 자꾸 보미에게 눈이 가곤 해요. 문제는 보미가 없을 때도 보미의 얼굴이 어른거린다는 거예요. 학교에 가지 않는 휴일에도 하루 종일 보미가 떠올랐어요.

보미는 짝꿍 민우와 머리를 맞대고 이야기를 나누고 있었어요. 민우는 얼굴도 잘생기고 공부도 잘해요. 남자아이 가운데 인기투표 1등은 민우예요. 성민이가 보기에도 둘은 참 잘 어울려요. 뭐가 그리 재밌는지 둘은 킥킥 웃으며 어깨를 툭툭 건드리기도 했어요. 성민이 마음속에 질투심이 끓어올랐어요.

성민이는 화가 나서 책상에 엎드렸어요. 필통이 바닥에 툭 떨어지는 소리가 들렸어요. 그리고 민우가 우유 상자를 들고 지나가는 게 보였어요. 아마 우유 상자에 필통이 부딪혀서 떨어졌나 봐요. 성민이는 갑자기 화가 났어요.
"야, 박민우. 남의 필통 떨어뜨리고 미안하단 말도 안 하냐?"

"어, 미안."

민우가 사과했지만 화는 누그러들지 않았어요.

"미안하면 다야? 그게 사과하는 태도냐고?"

성민이가 윽박지르자 민우도 참지 않았어요.

"그럼 무릎이라도 꿇으란 말이야?"

목소리가 높아지자 보미가 다가와 민우를 말렸어요. 보미가 민우 편을 드는 것 같아 성민이는 기분이 더 나빠졌어요. 정말 생각지도 못한 말이 엉겁결에 성민이 입에서 쏟아져 나왔어요.

"너희 둘 사귀냐? 보통 좋아하는 사이가 아니던데?"

성민이는 보미와 민우를 번갈아 보았어요. 주변에 있던 아이들이 와 웃음을 터뜨렸어요. 보미의 얼굴이 빨개졌어요. 민우는 어이없다는 듯 우유 상자를 들고 밖으로 나갔어요.

"성민이 너 몰랐구나. 보미랑 민우랑 외사촌이잖아."

짝꿍 은수가 말했어요. 성민이의 등에 식은땀이 흐르는 것 같았어요.

보미는 새침한 얼굴로 자리에 앉았어요. 성민이는 미안하다는 말이 입안에 맴돌았지만 용기가 나지 않았어요. 이상하게도 보미와 민우가 사촌이라는 말을 듣고 난 후 성민이는 기분이 좋아졌어요. 답답하던 가슴이 뻥 뚫린 기분이었어요.

집으로 돌아온 성민이는 보미에게 어떻게 사과할까 고민했어요. 밥 먹을 때도 숙제할 때도 자꾸 웃음이 나왔어요.

숙제를 마친 후 성민이는 집 앞 문구점에 갔어요. 예쁜 꽃무늬 편지지를 고르고 작은 선물도 골랐어요. 보미에게 꼭 어울릴 만한 분홍색 머리띠였어요. 성민이는 정성껏 편지를 써서 머리띠와 함께 포장했어요. 그리고 아침 일찍 학교에 가서 보미 책상 속에 넣어 두기로 했어요. 보미를 떠올리니 또 웃음이 나왔어요. 좋아하는 사람에게 선물을 한다는 것은 참 행복한 일이라는 생각이 들었어요.

예) 나는 너무 놀라서 엉겁결에 비명을 질렀다.

연료 燃料

[열료]

태워서 에너지를 얻을 수 있는 재료를 통틀어 일컫는 말.

 지구가 뜨거워요

"엄마, 우리도 에어컨 사요."

수현이가 게임기를 던지며 짜증을 냈어요. 좋아하는 게임도 귀찮아질 만큼 더운 날씨예요. 식탁에서 콩나물을 다듬던 엄마가 말했어요.

"아빠한테 말씀드려."

엄마 말에 수현이는 콧방귀를 뀌었어요. 환경운동을 하는 아빠 앞에서는 에어컨의 '에' 자도 꺼낼 수 없다는 것을 알고 있거든요.

저녁이 되어도 무더운 날씨는 그대로였어요. 수현이는 조심스럽게 아빠를 쳐다보았어요.

"아빠, 우리 에어컨 사요."

"그럴까?"

아빠의 순순한 대답에 수현이는 조금 놀랐어요.

"정말요?"

"그래. 하지만 이 동영상부터 보고 나서."

아빠는 컴퓨터를 켜고 동영상을 틀었어요.

먼저 화면 속으로 뿌연 하늘 높이 우뚝 솟은 건물, 길거리마다 빼곡한 자동차, 바쁘게 오가는 사람들이 보였어요. 장면이 바뀌자, 가뭄으로 메마른 땅과 홍수가 나서 물에 잠긴 마을이 나왔어요.

"지구 온도는 점점 더 높아지고 있어. 날씨가 더워지는 것을 지구 온난화 현상이라고 해. 지구의 날씨가 급변하면서 예상치 못한 가뭄과 홍수가 자주 발생하지. 많은 야생동물이 삶의 터전이 바뀌어 버린 것을 느낄 거야. 철새의 이동도 빨라지고 있어."

화면에 땅이 움푹 들어가고 건물이 모두 무너진 도시가 보였어요. 또 북극의 얼음이 녹고 생태계가 파괴되어 곰들이 굶어 죽어 가고 있었어요. 아빠는 도시를 집어삼킨 태풍이 불어닥친 것도, 북극곰들이 멸종 위기에 놓인 것도 지구 온난화 때문이라고 했어요.

"그럼 지구 온난화는 왜 일어나는 거예요?"

아빠는 수현이의 물음에 기다렸다는 듯 대답했어요.

"우리 인간의 무분별한 개발 때문이야. 우리는 편리하게 살기 위해 쉴 새 없이 공장을 돌리고 자동차를 굴리고 있어. 거기에 들어가는 에너지를 만들려면 나무와 석탄 같은 연료가 필요하지. 연료를 구하고 에너지를 이용하는 과정에서 인간은 자연을 파괴하고 환경을 오염시켰어."

에어컨을 틀수록 날씨는 더욱 더워진다는 말처럼 들렸어요. 수현이는 자신도 모르게 뽀로통한 표정을 짓고 말았어요.

"자연을 생각하지 않고 무조건 풍요로운 삶만 고집하면 언젠가 인간도 매머드처럼 멸종될지 몰라. 그런 위기를 막으려면 우리가 어떻게 해야 할까?"

급격한 기후 변화로 삶의 터전을 잃어버린 것은 동물들만이 아니었어요.

"'기후 난민'이라고요?"

남태평양의 섬들에 살던 사람들은 해수면 상승으로 그들이 살던 섬이 가라앉아 난민이 되고 말았대요. 만약 우리가 살고 있는 땅 위로 바닷물이 차올라 마을도 나라도 물 밑으로 사라져 버린다면 어떨까요?

수현이는 상상만 해도 등골이 서늘했어요. 당분간 에어컨 생각은 나지 않을 것 같았어요. 그리고 아빠와 함께 본 동영상을 친구들에게도 꼭 보여 줘야겠다고 생각했어요.

예) 두 시간 후에는 연료가 바닥난다.

예보 豫報   앞으로 닥칠 일을 예상하여 미리 알림.

 우산을 깜빡해도 즐거운 날

"여보, 우산 가져가세요."

엄마가 현관문을 나서는 아빠에게 말했어요.

"일기 예보를 들으니 오후부터 비가 온대요."

아빠는 알았다며 작은 접이식 우산을 챙겨 나갔어요.

"수현아, 너도 우산 꼭 챙겨 가렴."

"네."

대답은 했지만 그만 깜빡했어요. 학교에 와서야 우산을 챙겨 오지 않았다는 걸 알았답니다. 하늘을 보니 구름 한 점 보이지 않았어요.

"쳇, 그깟 일기 예보, 순 엉터리야."

하지만 5교시부터 갑자기 비가 쏟아지기 시작했어요. 수현이는 그만 울상이 되고 말았어요. 일기 예보는 틀리지 않았어요. 집에 갈 시간이 되어도 비는 그치지 않았어요.

"왜 그래, 수현아?"

짝꿍 지현이가 물었어요.

"우산을 안 가지고 왔어."

"일기 예보를 못 들었구나."

"엄마가 일러 주셨는데, 깜빡했어."

"나랑 우산 같이 쓰면 되지."

수현이는 지현이가 너무 고마웠어요.

수현이가 지현이랑 같이 우산을 쓰고 나오는데, 교문 밖에 우산을 든 아줌마들이 많이 서 있었어요. 수현이처럼 일기 예보를 깜빡한 친구들이 많은가 봐요.

"수현아!"

누군가 수현이를 부르는 소리가 들렸어요. 엄마였어요. 엄마는 손에 수현이 우산을 들고 있었어요. 갑자기 마음이 찡했어요.

그때 우산도 없이 빗속을 뛰어가는 친구 민준이가 보였어요.

"민준아!"

수현이는 민준이를 불러 세웠죠.

"자, 이거 쓰고 가."

민준이는 수현이가 건네준 우산을 받았어요.

"고마워. 내일 돌려줄게."

엄마가 흐뭇하게 웃었어요.

"우리 수현이 착하구나. 자, 엄마랑 같이 우산 쓰고 가자."

"아냐, 엄마. 난 지현이랑 같이 쓸게. 친구랑 같이 우산 쓰니까 엄청 좋은 걸."

수현이 말에 지현이도 생글 웃었어요.

"맞아요. 우리 둘이 딱 붙어서 우산 쓰니까 되게 재미있어요."

엄마가 수현이랑 지현이를 보고 놀리듯이 말했어요.

"너희들, 일기 예보 일부러 안 듣는구나. 친구랑 같이 우산 쓰려고."

"어, 어떻게 아셨지? 들켰다."

수현이랑 지현이는 마주 보며 깔깔 웃었어요.

예 등산을 갈 때는 미리 일기 예보를 확인해야 해.

요양 療養 환자가 병을 치료하기 위하여 편안한 장소에 머물면서 몸과 마음을 보살핌.

 온 가족의 힐링 타임

오늘은 할머니를 보러 요양원에 가는 날이에요. 요양원 밖 가까운 곳으로 가족 모두 소풍을 갈 예정이에요.

몇 년 전 할머니가 많이 아플 때는 가족 모두가 힘들었답니다. 엄마와 아빠는 직장을 다니고, 어린 민희가 할머니를 보살펴야 했어요. 민희가 아기였을 때 할머니는 민희를 업어서 키웠대요. 그런 할머니에게 싫은 내색을 보이는 게 너무 죄송했지요. 하지만 민희도 친구와 놀고 싶고, 학원에도 가야 했어요.

할머니가 요양원에서 지내겠다고 했을 때는 가족 모두가 고개를 들지 못했지요. 엄마와 아빠는 집 가까운 데 있는 요양원을 찾아보고, 요양원 시설들을 꼼꼼히 확인했어요. 텔레비전 뉴스로 요양원에서 일어나는 끔찍한 사건들을 볼 때는 가슴이 덜컥했답니다. 요양원에서 요양을 하는 게 아니라 병을 더 키우는 게 아닌가 하고 걱정이 들었던 것이지요.

하지만 할머니는 요양원이 생각보다 나쁘지 않다며, 계속 머무르겠다고 했답니다. 그곳에서 친구도 사귀고, 놀이치료도 한대요. 대신 자주 놀러 오라고 했어요.

그래서 민희는 할머니를 만날 때마다 이야깃거리를 잔뜩 모아 간답니다. 어떤 때는 일기장을 가져가기도 해요. 할머니는 민희네 가족들이 어떻게 지내는지를 가장 궁금해하거든요.

"세상에 이런 효녀가 없어!"

할머니는 민희를 자주 칭찬해 줍니다.

민희가 일기를 쓰기 시작하자, 아빠랑 엄마도 편지를 쓰기 시작했어요. 처음에는 그냥 짧은 편지였는데, 요즈음은 편지글이 제법 길어졌어요.

오늘은 할머니와 함께 근처 가까운 계곡으로 갔답니다. 그곳에서 함께 맛있는 점심을 먹고, 편지 낭독회를 열었지요. 아빠는 부끄럽다며 절대 편지를 읽지 않겠대요. 대신 엄마가 짧은 편지를 읽었어요. 할머니는 눈물을 글썽였어요.

짧은 만남이 끝나고 문 밖을 나설 때는 민희의 가슴이 뻐근했어요. 그건 어쩔 수 없나 봐요.

'할머니, 사랑해요.'

예 병이 심해지자 세종은 초정리에 머물며 요양을 하였습니다.
비 몸조리

| 요청 要請 | 필요한 어떤 일이나 행동을 청함. 또는 그런 청. |

 생쥐님, 곡식 좀 빌려주세요

어느 해 겨울이었습니다. 그해 겨울에는 어찌나 눈이 많이 오던지, 온 세상이 하얗게 변했지요. 산에 사는 꿩이랑 메추리는 걱정이 많았어요.

메추리가 꿩에게 물었습니다.

"눈이 온 땅을 덮었구먼. 어디에 먹을 것이 있을까?"

"산 아래 사는 생쥐에게는 곡식이 제법 있다고 하더군."

"흥, 생쥐가 곡식을 빌려주겠는가? 어림도 없지."

메추리는 콧방귀를 뀌고 날아가 버렸어요. 혼자 남은 꿩은 땅이 꺼져라 한숨을 내쉬었습니다. 집에서 기다리는 자식들이 눈앞에 아롱거렸답니다.

"밥 주세요!"

어린 자식들은 이렇게 말하겠지요. 자식들의 그런 간절한 요청을 어떻게 모르는 척하겠어요. 제 배에서 나는 '꼬르륵' 소리는 무시할 수 있어도요.

꿩은 산 아래 마을에 사는 생쥐네 집으로 갔답니다. 곡식을 조금 빌려 달라고 요청할 생각이었습니다.

"생쥐님, 부지런하고 지혜로운 생쥐님, 저에게 겨울을 날 수 있도록 곡식을 좀 빌려주시겠습니까?"

 꿩은 아주 예의 바르게 생쥐에게 부탁했답니다. 못 먹어서 핼쑥해진 꿩의 얼굴을 보니 생쥐도 마음이 안타까웠어요. 그런 꿩의 요청을 어떻게 거절할 수 있겠어요. 생쥐는 꿩에게 곡식을 빌려주었지요.
 꿩이 생쥐에게 곡식을 빌려 왔다는 소문을 들은 까투리도 생쥐를 찾아갔답니다.
 "생쥐야, 생쥐야, 쥐구멍에 사는 생쥐야. 까투리님이 오셨다. 먹을 것을 내놓아라."
 생쥐는 기가 막혔습니다.
 "쌀도 한 말 내 놓고, 보리도 한 말, 콩도 한 섬 내어 다오. 따뜻한 봄이 되면 내가 갚아 주겠노라."

생쥐는 화가 났어요. 빌려 달라고 사정을 해도 들어줄까 말까 하는데, 이것 다오, 저것 다오 요구하는 것이 어이가 없었지요.

"이 예의 없는 까투리야. 어디서 이래라저래라 하는 게냐. 네게 줄 곡식은 한 톨도 없으니 썩 꺼지거라."

까투리가 물었어요.

"아니, 왜 꿩한테는 빌려주고, 나한테는 못 빌려주겠다는 게냐?"

생쥐가 대답했지요.

"꿩님은 예의 바르게 요청했기에 빌려주었지. 하지만 까투리 너는 아주 무례하게 요구하는구나."

그제야 까투리는 화들짝 정신이 들었어요.

"아이고, 생쥐야. 네가 곡식을 빌려주지 않으면 우리 가족은 다 굶어 죽는다."

하지만 생쥐는 못 들은 척, 집 안으로 들어가서는 나오지 않았답니다.

예 이럴 때는 긴급 전화로 구조 요청을 해야 해.

원인 原因
[워닌]

어떤 것을 전과 달라지게 만든 요소나 사건.

 ## 내가 환경오염의 주범이라니

"모든 일에는 원인이 있기 마련이다!"

수업이 시작되자마자 선생님이 이렇게 말하며 아이들을 둘러봤습니다.

아이들은 어리둥절해하며 서로를 바라봤습니다.

"선생님! 머리 아프세요?"

언제 무슨 일이 있든지 끼어들어 '깐죽대왕'으로 불리는 수찬이가 먼저 말을 꺼냈습니다.

"아마 수찬이가 이렇게 수다쟁이가 된 데에도 뭔가 원인이 있을 것 같다."

선생님 말에 아이들은 모두 웃음이 터졌습니다. 수찬이는 같이 웃으면서도 쑥스러운 듯 고개를 숙였습니다.

"오늘 무슨 토론을 하기로 했는지 기억하는 사람이 하나도 없는 거야?"

주범(主犯)
좋지 않은 결과를 만드는 주된 원인. 여럿이 함께 저지른 범죄 사건에서 주도적인 입장에 있던 범인.

아이들은 그제야 정신을 차렸습니다. 오늘은 환경오염의 원인에 대해 자유토론을 하기로 한 날입니다. 환경오염은 중요한 문제이긴 하지만 아이들에겐 딱히 흥미로운 주제가 아니었습니다. 교과서에도 나오

고 해서 환경오염의 원인은 뻔하다고만 여겼습니다. 그러다 보니 오늘 자유 토론의 주제는 까맣게 잊고 있었습니다.

 선생님도 그런 사실을 알고 있었습니다. 어떻게 하면 집중을 해서 자유 토론을 할 수 있을까 고민을 했습니다. 그래서 나온 방법이 바로 '모든 일에는 원인이 있기 마련이다!'라고 말을 하면서 아이들을 집중시키는 것이었습니다. 수찬이 때문에 선생님이 생각한 분위기는 금세 깨져 버렸지만 말이에요.

 "대부분 환경오염의 원인은 뻔하다고 생각하는데, 우리 스스로 환경오염의 원인이 되는 경우는 없는지 생각해 보자."

 아이들이 갑자기 조용해졌습니다. 뻔하다고 생각했던 환경오염의 원인이

나 자신의 문제로 다가오니 갑자기 어려워졌습니다.

"선생님, 근데 진짜 저희들 행동 가운데 환경오염을 일으키는 원인이 있기는 있는 거예요?"

수찬이가 조심스럽게 물었습니다. 아이들도 궁금해하던 문제라 다들 선생님의 대답에 집중했습니다.

"당연히 있지 않을까? 너희들이 먹는 과자 포장지. 잘 안 썩는 거 알고 있지? 그러니 과자를 자주 먹는 사람은 그만큼 환경오염의 원인을 제공하고 있는 거 아닐까?"

수찬이는 갑자기 가슴이 뜨끔했습니다. 밥보다 과자 먹는 걸 훨씬 더 좋아했으니까요.

아이들도 저마다 이야기를 시작했습니다. 누가 한 가지 이야기를 하면 다른 아이들도 다들 '나도! 나도!' 하며 이야기를 이어 갔습니다.

토론은 끝났지만 수찬이는 계속 오늘 토론이 떠올랐습니다. 자신에게 책임이 있는 환경 문제는 또 뭐가 있는지 좀 더 꼼꼼하게 찾아봐야겠습니다.

㉮ 경찰관들이 사고의 원인을 조사했다.
㉯ 이유
㉰ 결과

응석 어리광을 부리거나 예의 없이 행동하는 일.

 삼촌은 어리광쟁이

민서 울음소리가 담장을 타고 집 밖으로 흘러나왔어요.

"여자애들은 내 생일파티 초대 안 할 거야."

"그런 게 어디 있어? 수진이는 선물도 사 놨다던데."

"싫어. 어제 수진이랑 싸웠는데, 여자애들이 다 수진이 편만 들었어. 그러니까 부르지 않을 거야."

민서가 생일파티에 아이들을 초대하는 문제로 엄마와 생각이 엇갈렸나 봐요. 엄마는 반 친구들을 남자 여자 차별 없이 불러야 한다는 입장이고, 민서는 사이가 좋은 남자아이들만 부르겠다고 고집을 피우는 중이었어요.

민서는 하루에도 몇 번이나 응석을 부렸어요. 그럴 때마다 엄마는 번번이 지고 말았답니다. 집안 어른인 할머니가 민서 편을 들기 때문에 엄마도 어쩔 수 없었어요.

"무슨 일인데 우리 강아지 울음소리가 대문 밖까지 들리누?"

외출했다 막 돌아온 할머니가 말했어요. 민서는 더 큰 소리로 앙앙 울어 댔어요.

"민서 어멈아, 그렇잖아도 몸도 약한 아인데 웬만하면 하고 싶다는 대로

해 주렴. 저러다 지쳐서 쓰러질까 조마조마하구나."

할머니 말씀에 엄마는 웃음이 나왔어요. 민서는 1박 2일을 울어도 끄떡없을 만큼 튼튼한 아이거든요. 엄마는 대답하지 않고 부엌으로 가 버렸어요.

그때 삼촌이 집에 왔어요. 삼촌은 아직 결혼하지 않은 노총각이에요. 주말이 되면 할머니를 보러 꼭 집에 들르곤 해요. 삼촌이 집에 올 때마다 민서는 할머니의 사랑을 빼앗기는 것 같아 기분이 썩 좋지 않아요.

삼촌은 할머니 방으로 들어가 방문을 닫았어요. 두 사람은 한참 동안 방에서 나오지 않았어요. 무슨 대화를 나누는지 궁금해서 민서는 방문을 살짝 열었어요.

"엄마, 나 회사 일 너무 힘들어. 머리도 아프고 어깨도 쑤시고……."

삼촌은 할머니 무릎을 베고 누워 어리광을 피우고 있었어요.

 "우리 막내, 이름을 응석이로 바꿔야겠구나."

 말은 그렇게 하면서 할머니는 삼촌의 어깨를 주무르고 등도 두드려 주었어요. 삼촌은 응석 부리는 강아지처럼 좋아하며 헤헤거렸어요. 나이 서른이 넘은 삼촌의 응석받이 같은 모습에 민서는 할 말을 잃었어요.

 "어때? 네 미래의 모습을 본 소감이?"

 엄마가 조그맣게 속삭였어요. 민서는 엄마의 말처럼 될까 봐 무서웠어요. 그래서 크게 소리쳤어요.

 "엄마, 나 생일파티에 수진이 초대할 거야! 다른 여자애들도!"

> **응석받이**
> 응석을 부리는 아이.
> 응받이, 응석둥이라고도 한다.

 예 그 애는 막내라고 자꾸 감싸서 응석이 심하다.
 관 응석으로 자란 자식: 버릇없이 제 욕심만 내세우고 아무 데도 쓸모없는 사람.

의도 意圖   무엇을 하고자 하는 생각이나 계획. 또는 무엇을 하려고 꾀함.

 봉이 김선달의 속마음

옛날에 김선달이라는 사람이 시장에 갔다가 욕심 많다고 소문이 자자한 닭장수를 보았어요. 김선달은 쪼그리고 앉아 닭을 이리 보고, 저리 보다 물었어요.

"처음 보는 동물이구먼. 이 동물은 이름이 뭐요?"

닭장수는 김선달이 무슨 꿍꿍이속으로 이리 말하나 싶어 장난을 쳐 봤어요.

"봉이요, 봉!"

봉이라는 동물은 전설 속에 나오는 아주 귀한 새예요.

"아니, 이 새가 봉이란 말이요? 내가 사겠소! 얼마요?"

사실 김선달도 이 새가 닭인 줄 알고 있었지요. 하지만 욕심꾸러기 닭장수를 골탕 먹일 의도로 연기를 했어요.

"한 냥 더하기 한 냥. 두 냥이오!"

닭장수의 말에 김선달은 선뜻 두 냥을 주고 닭을 사 갔어요.

'저런 바보가 있나? 닭을 처음 보다니.'

닭장수는 한 냥짜리 닭을 두 냥에 팔았다고 아주 좋아했답니다.

한편 김선달은 닭을 들고 원님을 찾아갔어요.

"원님, 제가 오늘 시장에 갔다가 봉을 사게 되었습니다. 이리 귀한 새를 어찌 제가 가지고 있겠습니까? 원님께 드리려고 가지고 왔습니다."

"이건 닭이 아니냐?"

"닭이라니요? 분명 봉이라고 하던데요."

원님은 당장 닭장수를 잡아 오게 했어요. 닭장수는 원님에게 혼쭐이 났지요. 그리고 김선달에게 닭값 두 냥을 돌려주어야만 했습니다.

"아니, 왜 두 냥밖에 주지 않는 거요? 당신이 두 냥 더하기 석 냥이라고 하지 않았소?"

닭장수는 어이가 없어서 머리가 어질어질했어요.

"왜 그러는 게요. 분명 두 냥에 사지 않았소?"

김선달은 닭장수를 제대로 골탕 먹일 의도로 억지를 부렸지요.

"닭값도 아니고 봉값인데, 설마 내가 두 냥을 주었겠소? 나는 분명 다섯 냥을 주었소."

울며 겨자 먹기
맵다고 울면서도 겨자를 먹는다는 뜻으로, 하기 싫은 일을 억지로 하는 상황.

사람들은 다들 김선달 말만 믿었어요.

닭장수는 울며 겨자 먹기로 세 냥이나 더 주었답니다.

그때부터 사람들은 능청스런 김선달을 '봉이 김선달'이라고 부르게 되었답니다.

예 친구를 감싸 주려는 네 의도는 좋지만 거짓말을 해선 안 돼.
비 본뜻

의식 意識	사회 속에서 또는 역사 속에서 만들어지는 특정한 생각. 정신이 깨어 있는 상태에서 뭔가를 느끼고 이해하는 일.

 가족 의식의 출발

"엄마, 의식이라는 게 뭐예요?"

효진이가 텔레비전을 보다 물었어요. 설거지를 하던 엄마가 바닥에 물을 뚝뚝 흘리면서 효진이에게 다가왔습니다.

"의식? 기절하면 '의식을 잃었습니다' 하고 깨어나면 '의식이 돌아왔습니다' 하잖아."

엄마도 확실하게 모르는 눈치였어요. 살짝 말꼬리를 흐리는 걸 보면요.

효진이는 고개를 갸웃거렸습니다.

"그것과는 뜻이 좀 다른 것 같은데요?"

"그럼 뭐?"

"저기 텔레비전에서 리포터가 그러는데요, 무단횡단하면 위험하다면서 선진 시민의식이 필요하다고요."

"사전 찾아봐!"

효진이는 사전을 찾아보았습니다.

"으악! 의식이 너무 많아요. 옷과 음식을 뜻하는 의식(衣食)도 있고요, 결혼식·장례식같이 행사를 치르는 의식(儀式)도 있네요."

사전을 쭉 훑어보던 효진이가 외쳤어요.

"앗! 이건가 보다. '사회·역사적으로 형성된 사물이나 일에 대한 개인적·집단적 감정이나 견해·사상'. 윽, 설명이 더 어려워요."

"그럼 예문을 읽어 보면 되지."

"그렇게 하고 있는 중이에요."

효진이는 손으로 사전을 짚어 가면서 예문을 읽었어요.

"사전 찾아봐도 잘 모르겠어요."

"그래서 책을 많이 보라는 거야. 낱말은 문장 속에서 자연스럽게 이해되는 경우가 많아."

"으음, 시민의식…… 시민다운 생각. 시민으로서 책임 있게 행동하겠다는 생각…….''

효진이는 고개를 끄덕이며 사전을 탁 덮었어요. 그러자 엄마가 물었어요.

"의식에 대한 의식이 좀 생긴 거야?"

"뭐, 대충."

"그럼 너도 우리 가족이라는 의식이 좀 생겼겠네?"

왠지 불길한 기운이 스멀스멀 올라왔어요. 엄마가 씩 웃으며 말했어요.

"청소기 꺼내 와. 같이 청소하자. 엄마는 거실 청소, 너는 네 방 청소!"

"윽, 엄마 이건 반칙!"

효진이는 제 방으로 쏙 도망을 가며 말했답니다.

"나 책 읽어요! 방해하지 마세요."

예) 운동회나 학예회를 준비하면서 우리는 자연스럽게 공동체 의식을 기른다.
비) 사상 | 생각 | 정신

이듬해
[이드매]

어떤 해의 바로 다음에 오는 해.

 ## 상우가 태어난 해

할머니는 '상우 바보'예요. 상우가 태어났을 때부터 초등학교 4학년이 된 지금까지 자나 깨나 상우밖에 몰라요. 얼마 전까지 얼굴을 씻겨 주고 밥을 먹여 주기도 했어요. 이불을 깔아 주고 자장가를 불러 주고 동화책을 읽어 주는 것도 할머니 몫이었어요.

상우는 4학년이 되자 할머니의 관심이 조금씩 부담스러워졌어요. 할머니는 하늘에 먹구름이 조금만 보여도 우산을 들고 학교로 찾아왔어요. 놀이터에서 친구들과 놀고 있으면 걱정스런 눈으로 지켜보았고요. 물론 상우를 걱정해서 그러는 건 잘 알지만 친구들 보기에 부끄러웠어요. 오죽하면 할머니랑 둘이 사냐고 묻는 친구도 있겠어요.

상우는 할머니로부터 벗어나기로 마음먹었어요. 하루는 할머니 몰래 동네에서 멀리 떨어진 시내 서점으로 친구들과 함께 놀러 갔어요. 상우는 장난감도 구경하고 책도 읽고 필요한 학용품도 샀어요. 그리고 햄버거 가게로 갔어요.

"오늘은 내가 쏠게."

상우의 말에 친구들은 의아한 표정을 지었어요.

"왜? 용돈이라도 받았냐?"

"아니, 오늘이 바로 내가 할머니로부터 해방된 날이거든."

상우는 두 팔을 번쩍 들고 만세를 부르며 크게 소리쳤어요.

그때 뒤에서 무엇인가 우당탕 쏟아지는 소리가 들렸어요. 돌아보니 할머니가 서 있었어요. 할머니 발 앞에는 햄버거 여러 개가 뒹굴고 있었어요.

"할머니!"

상우가 놀라서 소리쳤어요. 할머니는 말없이 돌아서서 밖으로 나갔어요.

"애들아, 햄버거는 다음에 살게."

상우는 할머니를 쫓아갔어요. 할머니는 어디로 사라졌는지 보이지 않았어요.

그날 밤 할머니는 아홉 시가 넘도록 집에 들어오지 않았어요. 상우는 걱정이 되어 큰길에 나가 할머니를 기다렸어요. 멀리 할머니 그림자가 보였어요. 할머니는 뽀글뽀글 파마머리라서 금세 알아볼 수 있어요.

"할머니 제가 잘못했어요. 할머니가 싫어서 그런 건 정말 아니에요."

할머니는 상우 볼을 어루만져 주었어요.

"이제 상우가 어엿한 초등학생인데 아기 취급을 해서 미안하구나."

상우는 할머니 손을 꼭 잡았어요. 두 사람은 사이좋게 집을 향해 걸었어요.

"상우가 태어난 건 할아버지가 돌아가신 이듬해였지."

"이듬해가 언제예요?"

"할아버지가 돌아가신 다음 해."

게다가 상우는 할아버지를 쏙 빼닮았어요. 그래서 상우가 태어났을 때 모두 기뻐하면서도 할아버지 생각이 나서 울었대요.

"아마 내가 돌아가신 할아버지 몫까지 상우에게 잘해 주고 싶었나 보다."

할머니 말을 듣고 상우는 가슴이 뭉클했어요. 목이 메어 속으로 말했지요.

'할머니, 앞으로 제가 할아버지 몫까지 잘해 드릴게요.'

길모퉁이를 돌아 집에 도착할 때까지 상우는 할머니 손을 놓지 않았답니다.

예) 여동생이 태어난 이듬해에 남동생이 생겼다.

인상(印象)   어떤 대상에 대하여 마음속에 새겨지는 느낌.

 두 얼굴의 사나이

   이탈리아 밀라노의 한 성당에는 〈최후의 만찬〉이라는 유명한 벽화가 있습니다. 이 그림은 예수가 열두 제자와 저녁식사를 하며 '너희 가운데 한 사람이 나를 배신할 것이다'라고 말하는 성경 속 이야기를 담고 있습니다.

   위대한 예술작품을 보면 사람들은 깊은 인상과 감동을 받지요. 〈최후의 만찬〉도 마찬가지랍니다. 그런데 이 그림의 모델이 되어 준 사람의 이야기를 안다면 더욱 강렬한 인상을 받을지도 모르겠네요.

   이 작품을 그린 사람은 레오나르도 다빈치랍니다. 그는 〈최후의 만찬〉을 그리기 위해 모델이 될 만한 사람들을 직접 찾아 나섰답니다. 성경에 나오는 인물에 딱 어울리는 인상을 주는 사람을 만나는 건 쉬운 일이 아니지요. 특히나 예수의 모델이 될 만한 사람을 찾는 건 더 어려웠답니다.

   그러다가 교회 성가대원으로 활동하는 '피에트로 반디네리'라는 남자를 만났답니다. 부드럽고 인자한 얼굴이 참으로 성스러운 인상을 주었지요. 레오나르도 다빈치는 피에트로에게 예수의 모델이 되어 달라고 했답니다. 피에트로 역시 기꺼이 그 부탁을 받아들였죠.

   예수의 얼굴을 완성한 레오나르도 다빈치는 그 후로 예수의 열두 제자 얼

굴에 가장 적합한 사람들을 찾아다녔답니다. 세월이 흘러 예수의 열두 제자 중 열한 사람은 그렸는데 마지막 한 사람, 가룟 유다의 얼굴은 그릴 수가 없었답니다. 유다는 예수를 배신한 제자예요. 레오나르도 다빈치는 가룟 유다의 인상을 가진 사람을 찾기 위해 또 많은 시간을 보내야만 했습니다.

드디어 로마의 뒷골목에서 험악한 인상을 주는 한 사내를 만났답니다. 그 사내는 술과 마약에 취해 있었어요.

레오나르도 다빈치는 많은 돈을 주면서 그 사내에게 가룟 유다의 모델이 되어 달라고 했어요.

드디어 〈최후의 만찬〉이 완성되자 그 사내가 레오나르도 다빈치에게 말했습니다.

"선생님, 저는 이미 예전에 선생님과 만난 적이 있답니다. 저를 몰라보시겠습니까?"

> **인상**
> 사람의 얼굴 생김새.

레오나르도 다빈치는 살짝 인상(人相)을 찌푸리며 그의 얼굴을 유심히 뜯어보았습니다. 그림을 그리는 사람은 한 번 본 사람의 얼굴을 아주 잘 기억하는 편이랍니다. 레오나르도 다빈치는 이처럼 어두운 인상을 기억하지 못할 수는 없다고 생각했지요.

"저는 피에트로 반디네리입니다."

레오나르도 다빈치는 깜짝 놀랐습니다. 가장 성스러운 인상을 주는 예수와 가장 사악한 인상을 주는 유다의 모델이 같은 사람이라니…….

"아니, 자네가 어쩌다가……?"

피에트로는 예수의 모델이 된 이후 나쁜 일에 손을 댔다 점점 더 인생의 내리막길을 걷게 되었다고 했습니다.

"사람이 어떤 일을 하고 어떤 생각을 하느냐에 따라 이렇게 인상이 바뀌는군요."

레오나르도 다빈치도 피에트로도 더 이상 그 어떤 말도 할 수가 없었답니다. 예수와 유다의 모델이 같은 사람이라니 참으로 인상적인 이야기이지 않나요?

예) 새 담임 선생님은 첫인상이 무척 따뜻하고 친절해 보였다.

장면 場面	어떤 장소에서 겉으로 보이는 모습이나 벌어진 광경.

 찰칵, 눈에 담긴 광경

"휴, 이게 도대체 무슨 장면이지?"

정민이는 갑작스런 엄마 목소리에 깜짝 놀랐습니다. 동생과 한바탕 노느라 엄마가 외출했다 돌아온 것도 몰랐습니다.

"이정민! 이 상황을 설명할 수 있겠니?"

엄마가 이렇게 성이랑 이름을 함께 부르는 건 화가 무척 많이 났다는 뜻입니다.

정민이는 그제야 정신이 들었습니다. 그리고 엄마가 손가락으로 가리키는 대로 방 안을 둘러보았습니다.

맙소사!

방 안은 그야말로 난리 법석입니다. 이불도 바닥에 내려와 있었고, 옷도 정신없이 흩어져 있었습니다. 게다가 동생은 엄마 옷을 이것저것 껴입고 입술엔 빨간 립스틱을 잔뜩 바르고는 환하게 웃고 있었습니다.

정민이가 봐도 기가 막힌 장면입니다.

"이정민! 엄마가 없는 동안 동생이랑 잘 놀고 있으라고 부탁했지? 그런데 이 상황은 어떻게 된 건지 설명해 볼까?"

엄마가 화를 꾹꾹 참으며 말했습니다.

"엄마, 그게 말이에요……."

정민이는 곰곰 생각해 봅니다.

다섯 살 된 동생은 처음엔 괜찮았지만 시간이 지나자 칭얼대며 울기 시작했지요. 정민이는 동생을 달래기 위해서 주위에 있는 이런저런 것들을 가지고 놀이를 시작했고요. 그런데 어느 순간부터인지 정민이는 동생을 위해서가 아니라 저 스스로 흥이 나서 놀이에 푹 빠져든 모양입니다. 시간이 얼마나 지났는지, 방 안이 어떤 모습인지도 몰랐습니다.

"엄마, 죄송해요."

"됐어. 엄마가 치울 테니까 동생 데리고 가서 씻겨. 너도 씻고."

정민이는 동생을 목욕탕에 데리고 들어갔습니다. 그제야 거울에 비친 자신의 얼굴도 볼 수 있었지요. 동생 얼굴이나 정민이 얼굴이나 다를 바가 없었습니다. 그 모습이 얼마나 웃긴지 화가 난 엄마 얼굴은 잠시 잊었습니다. 정민이랑 동생은 함께 거울을 보고 한바탕 웃었습니다.

정민이는 동생이랑 깨끗이 세수한 뒤, 방을 치우고 있는 엄마 옆으로 갔습니다. 동생은 엄마를 껴안고 뽀뽀를 했습니다. 정민이는 엄마를 뒤에서 껴안았고요. 그리고 함께 외쳤습니다.

"엄마, 다음부턴 조심할게요."

"안 한다고는 않는 걸 보면 다음에도 또 이런 일이 벌어질지 모르겠네?"

엄마 기분이 좀 풀어진 것 같습니다. 무섭게 말하는 것 같지만 정민이는 엄마 입가의 미소를 보았습니다.

그날 밤, 정민이는 그림을 그렸습니다. 아까 낮에 엄마가 봤던 바로 그 장면이었지요.

예) 그 선수가 금메달을 목에 거는 장면은 감격적이었다.

| 재주 | 어떤 일을 잘하도록 타고난 소질이나 재능. 어떤 일에 대처하는 능력이나 꾀. |

 하나만 잘해도 충분한 이유

　우리 속담 가운데 열두 가지 재주에 저녁거리가 없다는 말이 있어요. 재주가 지나치게 많으면 성공하기 어렵다는 뜻이지요. 어떤 일이든 하나에 집중하는 힘이 필요해요. 한 가지 재주에 집중해서 세상을 구한 영웅들의 이야기를 들어 볼까요?

　옛날 어느 산골에 홀어머니를 모시고 사는 삼 형제가 있었어요. 어머니는 빈둥빈둥 놀기만 하는 아들들에게 10년 동안 재주를 한 가지씩 배워 오라고 시켰어요. 첫째는 방석에 앉아 천 리를 날 수 있는 재주를 배웠어요. 둘째는 한쪽 눈을 감고 만 리를 내다볼 수 있는 재주를, 셋째는 칼과 활을 마음대로 쓸 수 있는 재주를 배웠어요.

　10년 후, 삼 형제는 집으로 돌아와 어머니를 모시고 열심히 살았어요. 그러던 어느 날 삼 형제에게 재주를 뽐낼 기회가 찾아왔어요. 먹구름이 하늘을 뒤덮고 천둥 번개가 치더니 온 세상이 캄캄해졌어요. 하늘의 해가 사라져 버린 거예요. 해가 사라지자 세상은 엉망이 되었어요. 어둠 속에서 나쁜 사람들이 마음껏 돌아다녔고, 풀꽃은 시들고, 열매는 맺히지 않았어요. 그러자 어머니가 아들들을 불러 앉히고 말했어요.

 "너희에게 재주를 배우라고 한 것은 세상에 어려운 일이 생겼을 때 사람들을 구하기 위해서란다. 지금 당장 나가서 해를 찾아오도록 해라."

 삼 형제는 즉시 길을 떠났어요. 먼저 첫째의 방석을 타고 백두산 산신령을 찾아가 해가 사라진 까닭을 공손히 물어보았어요.

 "해가 사라진 것은 흑룡강에 살고 있는 흑룡들의 장난 탓이다. 흑룡들은 천 년에 한 번씩 하늘로 올라가는데, 이번에 흑룡 암컷이 하늘로 올라가며 수컷과 장난을 치다가 해를 삼켜 버렸기 때문이란다."

 삼 형제는 산신령에게 인사를 하고 흑룡 부부를 찾아 나섰어요. 다 함께 첫째의 방석을 타고 하늘 높이 날아올라, 둘째가 한쪽 눈을 감고 만 리 밖의 흑룡을 찾았어요. 셋째가 암컷을 향해 용감하게 칼을 휘두르자, 수컷이 불을 뿜으며 공격했어요. 셋째는 화살 두 개를 꺼내 하나를 수컷에게 쏘았어요. 수컷은 목덜미를 맞고 허공에서 몸부림치며 울부짖다가 백두산 계곡 아래로 떨어져 죽었어요. 암컷은 다른 화살을 등줄기에 맞아 해를 토하고 흑룡담 안으로 풍덩 들어가 버렸어요.

다시 하늘에 해가 빛나자 세상 사람들은 춤을 추며 기뻐했어요. 삼 형제는 해를 지키기 위해 동쪽 하늘가에서 반짝거리는 세 개의 별 '삼태성'이 되었답니다.

흑룡 부부로부터 해를 되찾는 데 가장 큰 공을 세운 사람은 누구인가요? 한 사람을 콕 집기는 어려울 거예요. 삼 형제는 각각 하나씩 재주를 배웠고, 셋이 힘을 합쳐 세상을 구했기 때문이지요.

우리 친구들도 나는 왜 잘하는 것이 없을까 걱정할 필요 없어요. 누구나 한 가지 재주는 갖고 있으니까요. 한 가지 재주를 갈고 닦으면 언젠가 우리 사회에 꼭 필요한 인물이 될 수 있답니다.

예 그는 어려서부터 미술에 재주를 보였다.
비 재능
관 재주는 곰이 넘고 돈은 주인이 받는다: 수고하여 일한 사람은 따로 있고, 그 일에 대한 보수는 다른 사람이 가져간다는 말.

저작권 著作權
[저:작꿘]

노래나 글·그림·사진·건축물 등 작품을 창작한 사람이 자기 작품에 대해 가지는 권리.

 애국가 부를 때 돈을 내야 한다고?

"엄마, 표절이 뭐예요?"

텔레비전을 보던 지윤이가 엄마에게 물었어요.

"표절?"

"네. 제가 좋아하는 가수가 요즘 표절 시비에 휩싸였대요."

엄마는 고개를 끄덕였어요.

"표절이라는 건 이미 창작된 작품의 일부분을 베껴 자기 작품처럼 쓰는 걸 말해."

"치, 노래만 좋으면 됐지, 뭘 그런 걸 따져요?"

지윤이는 못마땅하게 말했어요.

"네가 좋아하는 가수가 힘들게 새로운 곡을 썼는데, 다른 사람이 그 곡을 베껴서 마치 그게 자기 노래인 것처럼 행세하고는 돈을 번다면 어떻겠니?"

"그건 말도 안 되죠!"

지윤이는 발끈해서 외쳤어요.

"저작권을 침해한다는 것도 문제야."

"저작권은 또 뭐예요?"

엄마의 이야기는 점점 더 복잡하고 어려워지는 것 같았어요.

"저작권은 작품을 창작한 사람의 권리야."

"우, 어려워" 하면서 지윤이는 고개를 흔들었어요.

"힘들게 고생한 창작자에게 정당한 대가를 지불하면 또 다른 좋은 작품을 쓰는 데 힘이 나지 않겠니?"

저작권, 꼭 필요한 제도인 거 같아요. 하지만 저작권이 너무 폭넓게 적용되면 그것도 나쁘대요. 표절이 아닐까 신경 쓰느라 창작에 몰입할 수가 없대요.

지윤이는 문득 얼마 전에 뉴스에서 본 애국가 저작권 이야기가 생각났어요. 애국가 작곡자 안익태 선생님의 유가족이 저작권을 우리나라에 기증했다는 소식이었지요.

"만약 저작권을 유가족들이 그대로 가지고 있다면 어떻게 되는 거예요?"

"애국가를 부를 때마다 저작권 사용료를 내야지."

지윤이는 놀라 눈이 댕그래졌어요.

"설마? 그럼 내가 애국가를 부를 때도 사용료를 내야 한다고요?"

엄마는 큭큭 웃었답니다. 지윤이가 혼자 노래를 부를 때는 저작권 사용료를 낼 필요가 없대요. 하지만 지윤이가 유명한 가수가 되어 애국가로 공연을 하면 그땐 저작권료를 내야 한다는 거예요. 또 방송국이나 공공장소에서 애국가를 틀 때마다 저작권 사용료가 지불되어야 한대요. 하지만 그렇게 된다면 누가 맘 놓고 애국가를 부르겠어요? 노래할 때마다 저작권 사용료를 생각해야 하다니!

안익태 선생님의 유가족들은 애국가가 우리나라 사람들에게 더 널리 사랑받았으면 좋겠다고 했어요. 그래서 저작권 사용료를 한국에 기증하기로 했다고요. 나라를 사랑하는 마음이 컸던 안익태 선생님도 대단하지만 그 뜻을 존중해 주는 유가족도 참 대단한 분들인 것 같았어요.

예 저작권을 침해하면 처벌을 받습니다.

조립 組立 여러 부품을 하나의 구조물로 짜 맞춤.

 블록이 모여 로봇 짠

　요즘 준혁이 친구들 사이에서는 로봇블록 조립이 유행입니다. 네모나고 둥근 조각들을 한데 맞추면 짠― 하고 로봇이 되지요. 로봇의 종류도 아주 다양합니다. 어떤 아이는 종류별로 다 조립을 해서 자랑하기도 합니다.

　준혁이는 그런 친구들이 너무 부럽습니다. 준혁이도 로봇블록이 있기는 합니다. 하지만 준혁이가 갖고 있는 건 아이들이 로봇으로 쳐주지도 않습니다. 요즘 아이들이 조립하는 로봇보다 단순한 데다가 유행도 지났기 때문입니다.

　"엄마, 저 생일에 로봇블록 사 주세요."

　"이미 있는데 또 사니?"

　준혁이는 더 말 못 하고 자기 방으로 들어갔습니다. 요즘 준혁이네 형편이 좋지 않습니다. 할아버지가 병원에 입원해서 병원비가 우선이거든요.

　준혁이는 이미 조립한 로봇을 다시 분해하기 시작했습니다. 작은 블록 조각들을 마구 섞은 뒤, 다시 로봇으로 조립합니다.

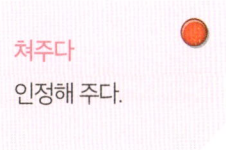

쳐주다
인정해 주다.

　준혁이는 새로 로봇을 조립하고 싶을 때마다 이렇

게 이미 조립한 로봇을 분해해서 다시 조립하기를 반복합니다. 이 일을 얼마나 많이 반복했는지 손이 마치 기계처럼 자동으로 움직입니다. 아무리 블록을 섞어도 필요한 블록은 한눈에 보입니다. 조립 설명서가 없어도 상관없습니다. 로봇 조립만 시작하면 눈앞에 조립 설명서가 그려지니까요.

　준혁이는 조립을 마치고 로봇을 다시 제자리에 올려놓았습니다. 이렇게라도 조립하고 나니 마음이 좀 풀립니다.

　준혁이는 학교 숙제를 빨리 끝내고 쉬기로 했습니다. 숙제가 거의 끝나 갈 무렵이었습니다. 초인종 소리에 이어 엄마의 목소리가 들렸습니다.

　"준혁아, 민혁이 왔다."

민혁이는 같은 아파트에 사는 단짝 친구입니다.

"나, 삼촌이 로봇블록을 사 주셨는데 어려워서 잘 안 돼. 조립하는 것 좀 도와줘."

"정말?"

준혁이는 벌떡 일어났습니다.

준혁이는 민혁이네 집으로 갔습니다. 요즘 새로 나온 로봇블록입니다. 척 보기에도 조립하기가 무척이나 까다로워 보입니다. 준혁이가 갖고 있는 로봇은 이 로봇에 견주면 아기 로봇밖에 안 되는 것 같습니다.

준혁이는 민혁이와 같이 로봇을 조립하기 시작했습니다.

"우아, 너 이렇게 조립하는 거 어떻게 알았어?"

준혁이는 씩 웃습니다. 처음 보는 로봇이지만 어떻게 조립하면 좋을지 감이 옵니다. 그동안 갖고 있던 로봇을 가지고 수없이 분해하고 조립하길 반복한 보람이 있는 것 같습니다.

예 조립이 필요없는 완제품.

> **짜임**　어떤 것의 부분 부분이 일정한 원리나 틀에 맞춰 전체를 이룬 상태.

 부분과 전체

"자, 이번 시간엔 어제 숙제로 내 준 글을 발표해 볼까?"

선생님 말씀에 찬식이는 고개를 푹 숙였습니다. 숙제를 안 해 와서 그런 건 아닙니다. 찬식이는 모범생입니다. 숙제를 안 하는 일은 절대 없습니다.

찬식이가 고개를 푹 숙인 까닭은 다른 데 있습니다. 찬식이는 글쓰기를 잘 못합니다. 처음부터 글을 못 썼던 건지, 아니면 글쓰기를 싫어해서 못 쓰게 된 건지는 잘 모르겠습니다. 아무튼 찬식이는 세상에서 글쓰기가 가장 싫습니다.

"와, 정말 잘 썼다."

민정이가 발표하자 아이들이 칭찬을 합니다. 민정이는 반에서 글을 가장 잘 씁니다. 학교 대표로 글쓰기 대회에 나가 상을 받아 올 때도 많습니다.

하필이면 민정이 다음이 찬식이 차례입니다.

"뭔 소리래?"

"글쎄, 무슨 소리를 하는 건지 잘 모르겠네."

찬식이는 열심히 썼지만, 아이들은 찬식이 글이 도통 무슨 뜻인지 모르는 것 같습니다. 찬식이가 글쓰기를 싫어하긴 하지만 잘 쓰고 싶은 마음마저 없

는 건 아닙니다. 정말 답답합니다.

그때였습니다.

"짜임을 조금 바꾸면 좋은 글이 될 수 있을 것 같은데……."

찬식이는 민정이 말에 귀가 번쩍 뜨였습니다. 쉬는 시간이 되자 민정이한테 가서 물었습니다.

"글의 짜임이 뭔데?"

"네 글에는 좋은 말이 참 많아. 그런데 이 얘기를 했다, 저 얘기를 했다 왔다 갔다 해서 무슨 말을 하려는지 알아듣기가 힘든 것 같아. 너 글을 쓸 때 그냥 생각나는 대로 쓰지?"

찬식이는 뜨끔했습니다. 마치 자기가 글쓰는 모습을 눈앞에서 본 것처럼 말하니까요.

민정이는 글로 쓰고 싶은 내용 가운데 관련 있는 내용끼리 모아서 써 보라고 했습니다. 그럼 글을 보는 사람이 훨씬 내용을 파악하기가 쉽다고요.

"그리고 글을 쓰기 전에 몇 개의 단락으로 나눠서 각각의 단락에서 무슨 말을 할 것인지를 미리 정리해 봐. 그럼 글의 짜임새가 제대로 나올 거야."

쉬는 시간이 끝나서 더 이상 이야기를 나눌 수가 없었습니다. 아니, 민정이가 더 많은 걸 알려 줘도 한꺼번에 받아들일 수는 없을 것 같습니다.

찬식이는 자기가 썼던 글의 짜임을 생각해 보기로 했습니다. 아직은 글의 짜임을 만들어 간다는 것에 자신이 없습니다. 하지만 아무리 못해도 이전에 썼던 글보다는 나을 거라 생각하니 두렵지는 않았습니다.

예 새로 산 니트 티는 짜임이 촘촘하다.

처지 處地   처하여 있는 사정이나 형편.

 ## 놀부의 입장에서 생각해 보기

"거참, 처지가 딱하게 됐어."

아빠와 엄마가 이야기를 나누고 있습니다.

"그러게 말이에요. 그렇게 잘살던 사람이 말이에요."

"왜요? 누가요?"

경식이가 궁금해서 물었습니다.

"아빠 친구 가운데 아주 잘살던 사람이 있는데 사업을 잘못해서 완전히 망했다는구나. 고생이라곤 모르던 친구인데, 당장 먹고살 방법이 없으니……."

경식이는 만약 자기네 집이 그런 처지가 된다면 어떨까 생각해 봅니다. 경식이가 외동이어서인지 엄마 아빠는 경식이가 하고 싶은 것은 웬만하면 다 하게 해 줍니다. 만약 경식이네 처지가 어려워진다면 경식이는 지금껏 누리던 것을 모두 포기해야겠지요. 생각만 해도 마음이 갑갑해집니다.

"아빠, 그 아저씨네도 아이가 있겠네요."

"있지. 너보다 한 학년 높다고 했지 아마? 그럼 지금 5학년인가?"

같은 또래여서인지 경식이는 처지가 딱하게 된 그 집의 형이 자꾸 신경 쓰입니다.

　그런데 참 이상합니다. 갑자기 놀부가 생각납니다.
　경식이는 지금까지 놀부가 쫄딱 망하게 된 걸 불쌍하게 여겨 본 적이 없습니다. 오히려 속 시원하게 생각했습니다. 흥부가 재산을 나눠 줘서 흥부 놀부가 다 같이 잘살았다는 결말도 마음에 들지 않았습니다. 흥부만 잘살게 되고 놀부는 그냥 망한 채 끝났으면 더 좋았겠다 싶었습니다. 부자가 된 흥부가 도와줄 수도 있지만 그 전에 먼저 놀부가 힘든 처지에서 생활해 봐야 한다고 생각했습니다. 그래야 다시 잘살게 되었을 때도 지난 시절을 생각해서 못된 심보를 고칠 것 같았거든요.
　하지만 오늘, 처지가 딱하게 됐다는 그 아저씨 이야기를 듣고 보니 생각이 좀 달라졌습니다. 세상 무서운 것 없이 떵떵거리며 살던 놀부가 갑자기 쫄딱 망했을 때 얼마나 눈앞이 캄캄했을지 알 것 같았습니다.

경식이가 아빠에게 이 생각을 말했습니다.

"사람들은 처지가 뒤바뀌면 확실히 달라지긴 하지. 하지만 경식이가 생각하는 것만큼 크게 달라지지 않는 경우도 있어. 사람은 자신이 유리할 때를 기준으로 삼는 경향이 있어서 잘살던 사람은 망해도 잘살던 시절의 습관을 쉽게 못 버리지. 반면 갑자기 잘살게 된 사람은 그 생활에 쉽게 적응을 하고 말이야."

아빠가 말했습니다.

들고 보니 과연 그런 것 같기도 합니다. 놀부는 과연 흥부가 도와주지 않아서 쫄딱 망한 처지가 되었다면 옛날 가난했던 흥부의 처지를 이해했을까요? 글쎄요……. 오늘 『흥부전』을 다시 읽으며 곰곰이 생각해 봐야겠습니다.

> 예 숙제를 밀려서 놀이공원에 갈 처지가 못 돼.

천지 天地   무엇이 대단히 많은 상황.

 문 둘레에 가득 피어난 민들레

따뜻한 봄바람이 부는 주말이었어요. 슬기는 부모님과 함께 시골 할머니 댁에 갔답니다.

"아이고, 우리 예쁜 손녀 왔구나."

할머니는 봄나물이 가득한 밥상을 차렸습니다.

냉이·달래·씀바귀·돌미나리·쑥국까지, 상 위는 온통 나물 천지였어요. 슬기는 평소 나물 반찬을 잘 먹지 않아요. 하지만 할머니가 정성껏 차린 밥상 앞에서 편식하는 모습을 보이기는 싫었어요. 슬기가 아무렇지도 않게 나물을 먹자 엄마가 놀렸어요.

"어머나, 우리 슬기가 웬일이야? 나물을 다 먹고."

슬기는 별일 아니라는 듯 어깨를 으쓱거렸어요.

"저, 나물 좋아해요."

엄마도 웃고, 아빠도 웃고, 할머니도 웃었어요. 슬기의 능청스런 말에 온통 웃음 천지가 되었어요. 괜히 슬기도 뿌듯했답니다.

"참말이냐? 그럼 이 할머니랑 나물 뜯으러 갈래?"

할머니가 물었어요.

"나물밭이 멀어요?"

"나물밭?"

할머니가 웃었어요.

"여긴 따로 나물밭이 없어. 밖에 나가 보면 어디든 나물 천지란다."

할머니를 따라 밖으로 나와 보니 가장 먼저 눈에 띈 것은 민들레였어요. 여기도 민들레, 저기도 민들레였어요.

"와아, 여긴 민들레도 천지군요."

"그렇지? 옛날에는 더 많았지. 오죽했으면 '문둘레'라고 불렀겠니?"

"문둘레요?"

"그래, 문만 열고 나가면 둘레에 피어 있는 꽃이라고 문둘레라고 불렀단다. 그러다 민들레가 되었다는구나."

할머니는 민들레를 호미로 캐면서 말했어요.

"할머니, 민들레를 왜 뽑아요?"

"민들레도 나물로 무쳐 먹으면 맛있단다."

꽃으로만 알았는데 나물로 먹을 수도 있다니! 참 신기했어요. 슬기도 할머니 옆에서 나물을 뜯었어요. 하지만 왠지 민들레는 뽑고 싶지 않았어요. 민들레 말고도 달래와 냉이, 쑥도 많았거든요. 시골은 정말 온통 먹거리 천지예요. 슬기도 할머니를 따라 부지런히 나물을 뜯었답니다. 햇살이 따스한 봄이었어요.

예 할 일이 천지야.

청정 淸淨   맑고 깨끗함.

 바닷속이 환히 들여다보여

오늘은 서희랑 아빠랑 단둘이 바다낚시 가는 날이에요. 아침 일찍 출발했지만 바다는 너무 멀었어요. 서희는 차 안에서 꾸벅꾸벅 졸았답니다.

"서희야, 다 왔다."

아빠 말소리에 눈을 떠 보니 바다가 눈앞에 펼쳐져 있었어요. 서희는 서둘러 차에서 내렸어요. 바다 냄새가 물씬 풍겼어요.

"우아, 바닷물이 엄청 맑고 깨끗해요. 바닷속이 다 보여요."

서희가 신이 나서 외쳤어요.

"당연하지. 여긴 청정 해역이야. 바닷물이 깨끗해서 생선회도 맛있어."

아빠와 서희는 해변을 병풍처럼 두르고 있는 소나무 숲으로 들어갔어요. 엄마가 싸 준 도시락을 먹을 거예요.

"와, 소나무 냄새! 청정한 공기가 몸속으로 막 들어오는 느낌이에요."

서희는 아빠 말을 흉내 내어 보았답니다. 아빠는 빙그레 웃었어요. 서희와 아빠는 소나무 숲 속에 마련되어 있는 휴게소에 자리를 잡았답니다. 그곳에는 작은 표지판이 서 있었어요.

이곳은 청정 구역입니다.
사용 후 쓰레기는 가져가시기 바랍니다.

"당연하지. 여긴 청정한 휴게소니까."

그렇게 중얼거리고 주위를 둘러보니 휴게소 주변 나뭇가지에 작은 엽서들이 달려 있었어요. 아빠가 점심을 차리는 동안 서희는 그 엽서들을 읽었어요. 나뭇잎 엽서에는 예쁜 동시들이 쓰여 있었어요.

"서희야, 뭐 해? 어서 와서 밥 먹자."

서희는 아빠에게로 돌아왔어요.

"이렇게 공기가 맑고 깨끗한 곳에서 동시까지 읽으니까 머릿속이 맑아지는 것 같아요."

"우리 서희가 좋아하니까 아빠도 기분이 좋네."

서희와 아빠는 도시락을 먹은 후 다시 해변으로 내려갔죠. 해변을 빙 돌아 갯바위 낚시를 하러 갔어요. 서희와 아빠는 청정한 바닷속으로 낚싯줄을 던졌지요.

퐁당!

소리마저 맑고 깨끗했어요.

넓고 깨끗한 바다를 바라보니 마음마저 청정해지는 느낌이었어요. 아빠와의 낚시, 잊지 못할 추억이 될 것 같아요.

> 예) 공기청정기가 있어서 쾌적한걸.

추측 推測   미루어 생각하여 헤아림.

 아마도 그랬을 거야

"민우야, 넌 단군신화에 대해 어떻게 생각해?"

"어떻긴 뭘? 하늘에서 내려온 환웅과 여자로 변한 곰이 결혼해서 낳은 단군이 고조선을 세운 거잖아."

"그러니까. 옛날이야기라면 몰라도 곰이 여자로 변한다는 게 말이 돼?"

기정이 이야기를 듣고 보니 민우도 뭔가 이상한 것 같습니다. 곰이 여자로 변하다니 말도 안 되는 일입니다. 그런데 이 이야기가 옛이야기책이 아닌 한국사 책에 버젓이 쓰여 있다니 참 이상합니다.

마침 내일은 새로 등록한 역사논술학원에 처음 가는 날입니다. 며칠 전만 해도 역사논술 같은 건 하고 싶지 않다고 엄마한테 한바탕 화를 냈는데, 이렇게 수업이 기다려질 줄은 미처 몰랐습니다.

드디어 역사논술 첫 수업입니다. 선생님은 역사에 관해 궁금했던 것이 있으면 자유롭게 이야기해 보라고 했습니다.

"선생님, 단군신화요. 혹시 거짓말 아니에요?

하늘에서 환웅이 내려오고, 곰이 사람으로 변할 수 없잖아요. 그런데 왜 이런 걸 한국사에서 배우는 거예요?"

선생님은 빙긋 웃더니 다른 아이들은 어떻게 생각하는지 물었습니다. 다른 아이들도 별로 심각하게 생각해 본 적은 없는 것 같습니다.

"의문을 품는 자세, 아주 좋아! 역사는 바로 이런 의문에서 시작된다고 할 수 있지. 의문을 던졌으면 왜 그런지에 대해서 나름대로 추측해 보는 거야. 그게 바로 역사의 출발이거든."

선생님은 지금 우리가 알고 있는 선사 시대의 모습은 모두 다 추측을 통해 정리된 거라고 했습니다. 지금까지 남아 있는 유물과 유적을 통해서 말이에요. 그래서 역사학자들은 새로 유물이나 유적이 발견되면 흥분 상태에 빠진다고 합니다. 새로운 유물과 유적이 지금까지 알려진 역사를 좀 더 구체적으로 확인시켜 주기도 하지만, 때로는 지금까지 알려진 역사를 뒤바꾸는 일도 생기기 때문이라고 해요. 이럴 경우 역사학자들은 다시 추측을 통해 역사를 재구성해야 하고요.

역사학자들은 단군신화의 곰이나 호랑이도 진짜 곰이나 호랑이가 아니고, 곰 부족과 호랑이 부족을 나타내는 것으로 추측하고 있다고 합니다.

역사가 추측으로 이루어진다는 건 처음 알았습니다. 역사란 분명한 사실이라고 생각했는데 말이에요.

㉮ 실험을 해 보니 추측과 다른 결과가 나왔다.
㉯ 예측

① 이름하는 낱말: 명사 227

충고 忠告 남의 잘못이나 허물을 진심으로 타이름.

진솔하고 용감한 말

몸에 좋은 약은 입에 쓰고, 진실한 충고는 귀에 거슬린다는 말이 있어요. 남이 자신의 잘못을 지적하는 것을 좋아할 사람은 없지요. 하지만 나라를 위해 목숨을 걸고 임금에게 충고하다가 죽어 간 사람도 있어요. 바로 비간이라는 충신이랍니다.

아주 먼 옛날 중국 상나라의 주왕은 술과 '달기'라는 미인에게 빠져 나라와 백성을 돌보지 않았어요. 백성들은 먹을 것이 없어 풀뿌리와 나무껍질로 하루하루 살아가는데, 주왕은 달기를 위해 궁궐을 크게 새로 지어 주었어요. 방마다 귀한 보석과 금은으로 꾸몄고, 정원에 귀한 꽃나무와 동물을 길렀어요. 뒤뜰에 연못을 파서 술로 가득 채웠고, 주변 숲에는 고기를 달아 놓았지요. 달기와 함께 연못에 배를 띄우고 술을 마시며, 배가 고프면 나무에 매달린 고기를 먹었어요.

간언
옳지 못한 일을 바로잡고자 윗사람에게 하는 말.

나라는 엉망이 되었어요. 백성들의 생활은 더 가난해졌고 나라 밖에서는 외적들이 쳐들어올 기회를 엿보고 있었어요. 뜻있는 신하들은 주왕 앞에 엎드려 하루속히 정신을 차리고 백성들을 돌보라고 간언(諫言)

했어요. 그러나 주왕은 무섭게 화를 내며 충신들에게 상 대신 벌을 내렸어요.

벌은 매우 끔찍했어요. 불꽃이 타오르는 커다란 화로 위에 기름 바른 쇠기둥을 얹고 그 위를 걸어가게 하는 것이었지요. 주왕과 달기는 죽어 가는 신하들의 모습을 보고 손뼉을 치며 좋아했어요. 백성들 사이에는 달기가 사람이 아니라 나라를 망하게 하려고 하늘이 보낸 여우라는 소문이 돌았어요.

더 이상 아무도 주왕에게 진실한 충고를 하는 신하가 없었어요. 그때 주왕의 포악스런 행동을 바로잡으려고 나선 사람이 임금의 삼촌인 비간이었어요.

"전하께서 달기의 치마폭에 싸여 술에 젖어 계신 동안, 나라가 눈뜨고 볼 수 없게 되었습니다. 법은 무너져 혼란스럽고, 굶주린 백성들은 나라를 떠나고 있습니다. 부디 정신을 가다듬고 나라를 돌보시길 바랍니다."

비간은 피를 토하듯 간절히 아뢰었어요. 사람들은 주왕이 삼촌의 말 만큼은 듣지 않을까 기대했어요.

그러나 주왕은 이미 제정신이 아니었어요. 게다가 삼촌이 자신을 탐탁지 않아 한다는 것을 알고 나자 그를 살려 두었다가 왕의 자리를 빼앗길지도 모른다는 조바심까지 생겼어요. 비간은 신하들과 백성들의 존경을 받아 현인 소리를 듣는 사람이었거든요.

"삼촌은 현인이라지요. 예부터 현인의 심장에는 일곱 개의 구멍이 있다고 합니다. 이번 기회에 나는 그 말이 사실인지 확인해 보고 싶습니다."

주왕은 당장 비간의 심장을 꺼내라고 무시무시한 명을 내렸어요. 결국 비간은 나라와 백성을 위해 주왕에게 충고를 하다가 목숨을 잃었어요.

그 후 얼마 지나지 않아 상나라는 주나라 무왕에게 멸망하고 말았어요. 주왕과 달기도 비참한 죽음을 맞았답니다. 만약 주왕이 비간을 비롯한 충신들의 말을 귀담아 들었다면 어땠을까요? 아마 역사가 달라졌을 거예요.

㉮ 친구의 충고에 따라 매일 운동을 하기로 했다.
㉯ 충언

| 치장 治粧 | 매만져 곱게 꾸미거나 모양을 냄. |

 누가 제일 예쁠까

어느 날 새들이 한자리에 모여 회의를 했어요.

"짐승들도 물고기들도 왕이 있는데, 어찌 우리 새들에게만 왕이 없나요?"

"옳은 말씀입니다. 우리도 왕을 뽑읍시다."

그래서 새들은 어떤 왕을 뽑는 게 좋을지 서로 의견을 나누었지요. 꾀꼬리는 노래를 잘하는 새가 왕이 되어야 한다고 했어요. 독수리는 힘이 센 새가 왕이 되어야 한다고 했답니다. 하지만 새들은 가장 아름다운 새를 왕으로 뽑기로 했어요. 며칠 후 모여서 가장 아름다운 새를 투표하기로 했지요.

어떤 새는 모래밭에 가서 모래목욕을 한 다음 깃털을 골랐어요. 가장 아름다운 깃털로 자신을 치장했지요. 어떤 새는 강물에서 목욕을 한 다음 머리에 돋아난 볏을 골랐어요. 화려한 볏으로 치장을 한 다음 날개를 쭉 펼쳐 보았지요. 각자 자신이 가장 아름답다 생각하면서 열심히 치장을 했어요.

하지만 까마귀는 아무런 치장도 할 수가 없었답니다. 새까만 자신의 깃털만 보면서 한숨을 내쉬었지요. 그러다 강가에 흩어진 수많은 새들의 깃털을 보

고르다
울퉁불퉁한 것을 평평하게, 들쭉날쭉한 것을 가지런하게 하다. 가다듬다. 다듬다. 손질하다.

　았답니다. 까마귀는 다른 새들이 치장을 하느라고 버린 깃털을 모으기 시작했어요. 까마귀는 새들이 버린 깃털을 자신의 깃털 사이에 꽂았답니다. 다른 새의 깃털로 자신을 치장한 것이죠.

　마침내 새들의 왕을 뽑기로 한 날, 까마귀도 그 자리에 나섰답니다. 새들은 까마귀가 치장한 모습을 보고 속으로 비웃었어요.

　'저렇게 엉터리로 치장을 하다니. 불쌍하기도 하지.'

　얼룩덜룩한 까마귀는 절대 뽑히지 않을 것 같았지요.

　하지만 투표를 하고 보니 가장 많은 표를 받은 새는 까마귀였답니다. 까마귀는 기뻐 어쩔 줄 몰랐어요. 불쌍해서 한 표씩 던졌는데, 그렇게 모인 표가 가장 많았던 거예요. 새들은 까마귀에게로 몰려갔어요.

"이건 내 깃털이야!"

"이 깃털은 내 깃털이지!"

우르르 달려든 새들이 각자 자기 깃털을 뽑아 물고서는 날아가 버렸답니다. 다시금 새까만 색으로 돌아온 까마귀만 혼자 남게 되었지요.

그 뒤로 새들은 왕을 뽑자는 말을 두 번 다시 하지 않았답니다.

㉠ 오늘따라 머리를 곱게 치장한 여학생들도 여럿입니다.
㉡ 단장 | 장식

콩깍지
[콩깍찌]

들어 있던 콩알을 다 털어 낸 빈 콩 껍질(꼬투리).

 할머니 눈에 콩깍지

"할머니 할아버지, 안녕하세요?"

기찬이는 현관에 나가서 할머니 할아버지에게 배꼽인사를 했어요.

"오냐, 내 새끼."

"못 본 사이에 쑥쑥 자랐구나."

할머니 할아버지도 기찬이를 보더니 얼싸안고 엉덩이를 토닥거려 주었어요.

할머니 할아버지는 시골에서 농사를 지으며 살고 있어요. 기찬이는 방학이 되면 시골집에 가서 신나가 놀다 와요. 그리고 학교 다니는 동안에는 할머니 할아버지가 한 달에 한 번씩 서울을 들르지요. 두 분 손에는 항상 참기름, 옥수수, 상추, 토란 같은 먹을거리가 한 아름 들려 있어요. 이번에는 또 무엇일까요?

드디어 큼지막한 보따리가 풀렸어요. 그 안에서 아침에 딴 감자, 토마토, 깻잎이 나왔어요. 그리고 연둣빛 길쭉한 것들이 비닐봉투에 가득 담겨 있었어요. 한참 들여다보다 기찬이는 완두콩이라는 것을 알았지요.

"어, 완두콩이네요."

"우리 손자가 완두콩을 다 알고 제법이구나."

"콩깍지에 싸여 있어서 처음엔 잘 몰랐어요."

할아버지가 허허 웃으며 기찬이의 머리를 쓰다듬었어요.

"어이구, 콩깍지도 아는 걸 보니 기찬이가 다 컸네."

콩깍지라는 말에 할머니가 할아버지를 흘겼어요.

"내 눈에 콩깍지가 씌어서 할아버지랑 결혼한 거란다."

"콩깍지가 씌다니요?"

"처음 할아버지를 만났을 때, 콩깍지가 눈에 씌어 제대로 볼 수 없었다는 말이지. 그렇지 않으면 이렇게 예쁘고 똑똑한 내가 너희 할아버지처럼 무뚝뚝하고 농사일밖에 모르는 사람과 결혼했겠니?"

할머니가 입을 삐죽거리자 할아버지는 머리를 긁적거렸어요.

"어머님, 아버님이 얼마나 멋있는데 그러세요. 아버님만큼 남자답고 부지런한 분이 어디 있다고요. 무엇보다 중요한 건 어머님을 세상에서 가장 사랑하시잖아요."

엄마가 편을 들어주자, 할아버지는 헛기침을 큼큼 했어요.

"그건 기찬 어미 말이 맞네."

할머니는 피식거렸어요.

"당신이 아무리 그래도 내가 가장 사랑하는 사람은 우리 기찬이에요."

그리고 와락 기찬이 손을 잡았어요. 가족들의 웃음소리가 창밖으로 멀리 울려 퍼졌어요.

예 소가 콩깍지를 씹으며 이쪽을 바라본다.

품삯
[품싹]

어떤 일에 힘을 빌려 준 대가로 받는 돈이나 물품.

 부잣집 며느리 선발 대회

옛날 한 마을에 부자 양반이 살았어요. 외아들이 있었는데 인물도 좋고 공부도 잘했어요. 성격이 너무 순해서 물러 터진 게 흠이었지요. 부자는 아들을 야무진 색시와 혼인을 시켜야겠다고 다짐했지요. 그래서 곰곰이 생각하다가 한 가지 묘안(妙案)을 떠올렸어요.

"쌀 한 말로 석 달을 버틸 수 있는 처녀를 우리 집 며느리로 삼겠소."

소문을 듣고 한 처녀가 찾아왔어요. 처녀의 얼굴은 부잣집 며느리가 될 수 있다는 기대에 차 있었어요. 쌀 한 말을 내주자 처녀는 두 달이면 90일이니, 하루 두 끼씩 먹을 생각으로 180등분으로 나눴어요. 나누고 보니 한 끼 먹을 쌀의 양이 병아리 모이보다 못했어요.

처녀는 하루 이틀 잘 견디는 듯했어요. 그러나 매일 한 주먹도 안 되는 쌀로 죽만 끓여 먹자 배가 고파 견딜 수 없었어요. 닷새째 되는 날, 처녀는 더 이상 못 참겠다고 자기 집으로 돌아가 버렸어요.

그 후에도 처녀 몇이 부잣집 며느리에 도전했다가 번번이 실패했어요. 부자는 더 이상 찾아오는 처녀가 없을 거라고 포기하고 있었지요.

묘안
뛰어나게 좋은 생각.

 며칠 후 볼이 발그레하고 복스럽게 생긴 한 처녀가 대문을 두드렸어요. 처녀는 그 마을에 사는 가난한 농부의 딸이었어요. 쌀 한 말을 내주자 처녀는 절구에 넣고 콩콩 찧었어요. 그러더니 길쭉한 가래떡을 만들어 부자의 가족들과 이웃들에게 하나씩 돌렸어요. 부자 부부는 혀를 끌끌 찼어요.
 "밥해 먹을 쌀로 떡을 해 먹다니, 제정신이 아닌가 봐요."
 "어허, 집안 망하게 할 처녀로군."
 이튿날 부자는 느지막이 아침을 먹고 마당으로 나왔어요. 처녀가 보이지 않아 머슴에게 물어 보니 날이 새자마자 밖으로 나갔다고 했어요. 부자는 결국 처녀가 하루도 못 견디고 돌아간 줄 알았어요. 그런데 점심 무렵이었어요.

"어르신, 점심 진지 드셔요."

처녀의 목소리에 부자는 깜짝 놀라 마루로 나왔어요. 뜨끈뜨끈한 쌀밥이 수북하게 담긴 밥상이 차려져 있었어요. 부자는 눈이 휘둥그레져 웬 밥상이냐고 물었어요.

"아침 일찍 다른 집에 가서 빨래도 해 주고 베도 짜 주었습니다. 그렇게 받은 품삯으로 차린 밥상입니다. 어서 드십시오."

부자는 얼떨떨한 표정으로 수저를 들고 밥을 입에 떠 넣었어요. 밥이 꿀맛이었어요.

다음 날도 처녀는 아침부터 저녁까지 밖에 나가 부지런히 일을 했어요. 일손이 워낙 빨라서 품삯도 다른 사람보다 두 배나 더 받았어요. 품삯으로 받은 쌀과 돈으로 부자 부부와 아들의 밥상을 정성껏 차렸고, 자기도 배부르게 먹었어요.

어떤가요? 가만히 앉아서 며느리가 될 궁리만 했던 여느 처녀들과 확실히 다르다는 것을 알 수 있겠지요. 누구나 일을 해야 그 대가로 품삯을 받고, 품삯으로 밥을 먹고 살아가요. 처녀는 일과 품삯의 가치를 잘 알고 있었던 거예요.

그래서 어떻게 되었냐고요? 석 달이 지나자 처녀는 집으로 돌아갔어요. 부자는 금은보화와 꽃가마를 보내 처녀를 며느리로 맞아들였답니다.

예 주인집에서 일한 품삯으로 쌀 한 가마니를 받았다.

풋콩
[푿콩]

깍지 속에 들어 있어 아직 덜 익은 콩.

 엄마의 군것질

"엄마! 이게 뭐야?"

식탁 위에 꼬투리째 삶은 콩이 그릇 가득 담겨 있었어요.

"풋콩이야. 까서 먹어 봐."

"에이, 이걸 어떻게 먹어?"

엄마는 그동안 먹던 콩이랑은 맛이 다를 거라면서 먹어 보라고 했어요.

지수는 풋콩을 까서 입에 넣어 봤어요. 감촉은 콩을 입에 넣었을 때랑 비슷해요. 동그란 콩알이 입안에서 굴러다녀요.

살며시 이로 깨물어 봤어요. 어? 보통 콩이랑은 조금 달라요. 훨씬 더 촉촉하고 부드러워요.

"어때?"

"뭐, 생각보다는 그래도 좀 낫네."

풋콩은 아직 덜 익은 콩을 말한대요.

지수는 깜짝 놀랐어요. 학교에서 풋사과나 풋복숭아 같은 풋과일들은 먹으면 절대 안 된다고 했거든요.

"어? 풋과일 먹으면 큰일 나는데."

"그럼 풋고추는 왜 먹는데?"
"그런가?"
 시골이 고향인 엄마는 어렸을 때 풋콩을 짚불에 구워 먹었대요. 뭔가 군것질거리가 생각나면 친구들과 모여서 풋콩을 따다가 먹은 거지요. 우리가 군것질거리가 생각날 때 과자를 사 먹듯이 말이에요. 한참을 정신없이 까먹다 보면 손은 물론 얼굴까지 재가 묻어 시커멓게 되는데, 그 모습을 서로 바라보며 웃느라 정신이 없었대요.
 풋콩을 구워 먹는 맛까지는 잘 모르겠지만 친구들이랑 그렇게 풋콩을 구워 먹고 노는 건 상상만 해도 신이 날 것 같아요.
"와, 나도 한번 그렇게 해 보고 싶다."

"어쩌지? 올해는 늦은 것 같네. 풋콩을 구워 먹으려면 때를 잘 맞춰야 하니까. 아마 여름방학 끝날 때쯤 가면 맞을 것 같은데?"

지수는 김이 빠졌어요. 잔뜩 기대하고 있었는데, 내년까지 기다려야 한다니 말이에요.

"그런데, 너 의외로 삶은 풋콩도 잘 먹네."

엄마가 지수를 신기하다는 듯이 쳐다보며 말했어요.

"응?"

지수 앞에는 까먹고 남은 꼬투리가 잔뜩 쌓여 있었어요. 엄마랑 이야기를 하면서 자기도 모르게 풋콩을 계속 까먹고 있던 거예요.

"어, 내가 언제 이렇게 먹었지?"

"너 콩 싫다던 애 맞니?"

엄마는 지수를 보며 웃음을 터트렸지요. 지수는 멋쩍게 뒤통수만 긁적이고요.

예 풋콩을 밥에 넣었더니 군데군데 파란빛이 입맛을 돋운다.

항아리缸— 아가리가 좁고 배가 부른 질그릇의 한 가지.

 시작도 하기 전에 끝난 장사

옛날 어느 마을에 먹고 자고 놀기만 좋아하는 게으름뱅이가 있었어요. 게으름뱅이 엄마는 그런 아들만 보면 속이 답답했어요.

"언제까지 놀기만 하려고 하느냐? 이제 너도 일할 때가 되지 않았니?"

"일하고 싶어도 아무런 재주가 없는걸요."

게으름뱅이 엄마는 게으름뱅이에게 돈을 내밀었어요.

"저기 재 너머에 가면 옹기장이가 산단다. 그곳에 가서 이 돈으로 항아리나 단지를 사서 시장에 내다 팔아 보거라."

게으름뱅이는 엄마의 재촉에 못 이겨 옹기장이가 사는 재 너머까지 갔답니다. 옹기장이네 집에는 여러 가지 옹기그릇이 있었어요. 게으름뱅이는 무엇을 내다 팔까 생각해 보았어요. 커다란 독은 된장이나 간장을 담아 두면 좋을 듯했어요. 크기가 크니까 이윤도 많이 남겠지요. 하지만 고추장을 담으려면 작은 단지도 필요할 것 같아 작은 항아리도 몇 개 골랐어요. 작으니까 많이 팔아야겠다 싶어서 많이 골랐지요. 그 밖에 김장독, 꿀단지, 물독…… 이것저것 가리지 않았어요. 엄마가 준 돈을 하나도 남김없이 다 써 버렸답니다.

옹기장이가 물었어요.

"첫 장사라고 하지 않았나?"

"그랬죠."

"필요한 것 몇 개만 골라 팔아 보면서 경험을 쌓는 게 어떻겠는가?"

"그럼 몇 번이나 이 고개를 넘어와야 하지 않습니까? 귀찮아서 그런 짓을 어찌한답니까?"

옹기장이는 게으름뱅이가 걱정되었답니다.

"이걸 한꺼번에 어떻게 다 들고 가려는 게지?"

게으름뱅이는 별일 아니라는 듯이 말했습니다.

"지게에 잘 지고 가면 됩니다. 제가 이래 봬도 힘은 장사거든요."

"하지만 옹기는 깨어지기 쉬운 물건이라네. 잘못해서 깨지기라도 하면 어찌하려고?"

"조심하면 되죠."

게으름뱅이는 지게에 큰 독부터 싣고, 항아리와 단지를 차례로 얹었습니다. 그러고는 '어영차' 지게를 짊어졌죠. 지게에 가득 실린 항아리 때문에 게으름뱅이의 모습은 보이지도 않았습니다.

옹기장이는 걱정스럽게 말했습니다.

"저러다 큰일 날 텐데."

무거운 지게를 지고 재를 넘어가는데 땀이 비 오듯 흘렀습니다. 지게에 실린 항아리 무게에 다리가 휘청휘청했습니다. 그러다가 돌부리에 다리가 걸려 쿵 하고 넘어졌답니다. 지게에 실려 있던 항아리도 쿵 하고 떨어졌죠. 단지도 항아리도, 커다란 독도 다 깨져 버렸어요. 두세 번 걸음 하기 싫다고 게으름을 피우더니 한꺼번에 장사 밑천을 다 날려 버린 셈이죠. 게으름뱅이는 그제야 옹기장이의 말을 들을걸 하고 후회했답니다.

밑천
어떤 일을 하는 데 바탕이 되는 돈이나 물건, 기술, 재주.

㉠ 우리 조상들은 항아리에 어떤 것들을 담았을까요?
㉡ 단지 | 독 | 옹기

해돋이
[해도지]

해가 막 솟아오르는 것.

 안녕하세요, 해님

오늘은 12월 31일, 올해의 마지막 날입니다.

지금은 밤 열 시, 두 시간만 있으면 올해도 다 지나갑니다.

규리는 지금 여행 가방을 챙기는 중입니다. 지금부터 두 시간 후, 그러니까 새해를 알리는 제야의 종소리를 듣고 나면 규리네는 정동진으로 여행을 떠날 예정입니다. 새해맞이 해돋이 여행이지요.

"정동진에 간다고 해돋이를 볼 수 있을까 몰라. 혹시 가다 잠들어서 깨지 못하면 해돋이는 못 보는 거야. 알지?"

"따뜻한 무릎 담요도 잘 챙겨. 아주 추울 테니까."

아빠, 엄마가 번갈아 가며 규리에게 당부합니다.

하긴 늦잠꾸러기 규리는 지금껏 해돋이를 단 한 번도 본 적이 없습니다. 늘 엄마가 한참을 깨워야 겨우 일어나곤 했으니까요.

규리는 태어나 처음으로 보게 될 해돋이를 상상하느라 가슴이 두근거립니다. 해돋이는 날씨가 안 좋은 날에는 볼 수가 없다고 합니다. 일기예보에서는 분명 구름 한 점 없는 맑은 날씨라서 해돋이를 보기에는 최근 몇 년 가운데 최고의 날씨라고 했지만, 혹시라도 해돋이를 못 보게 될까 봐 괜히 불안

해지기도 합니다.

"엄마, 해돋이 정말 볼 수 있겠지?"

"그럼. 걱정 마."

가만 보니 엄마 아빠도 이번 해돋이 여행이 무척이나 설레는 것 같습니다.

드디어 정동진에 도착했습니다. 바닷가는 전국에서 해돋이를 보러 온 사람들로 가득했습니다.

두꺼운 점퍼에 담요까지 뒤집어쓰고 있지만 한겨울 바닷가에서 맞는 새벽은 몹시 추웠습니다.

잠시 뒤, 수평선 위가 붉은 빛을 띠며 환해졌습니다.

"어? 벌써 해가 뜬 거 아니야? 왜 갑자기 환해졌지?"

깜짝 놀란 규리가 물었습니다.

"걱정 마. 이제부터 해돋이가 시작되는 거야. 잘 지켜 보렴."

엄마가 웃으며 말했습니다.

정말이었습니다. 얼마 뒤, 주위가 더 밝게 빛나더니 수평선 위로 해의 둥근 부분이 모습을 드러냈습니다.

"와!"

일단 모습을 드러낸 해는 금세 수평선 위로 떠올랐습니다. 하늘도 환해졌습니다. 새해 첫 아침이 밝았어요.

㉮ 해돋이를 기다리다.
㉯ 해뜨기 | 일출
㉰ 해넘이

허드렛일
[허드렌닐]

중요하지 않다고 여기는 허름한 일.

 힘들지만 눈에 잘 안 띄는 일

"엄마 아빠가 없는 동안 둘이서 잘하고 있어야 해. 민경이 너는 중학생이니까 동생 잘 보살피고, 민아 너는 언니 말 잘 듣고 도와줘야 해. 알았지?"

엄마 아빠가 동창 모임에서 1박 2일로 여행을 다녀오기로 했습니다. 토요일 일요일 이틀을 엄마 아빠 없이 지내야 하다니, 민아는 정말 괴롭습니다. 민아는 엄마 아빠와 떨어져 지낸 적이 한 번도 없습니다. 마음 같아서는 가지 말라고 엄마 아빠를 붙잡고 싶습니다.

"걱정 마. 나는 중학생이나 됐는데 뭐."

언니의 자신만만한 모습을 보며 엄마 아빠는 믿음직스러워 했습니다.

드디어 엄마 아빠가 떠나고 언니와 민아 둘만 남았습니다. 처음엔 나름대로 재미있었습니다. 뒹굴뒹굴 누워서 텔레비전도 보고 싶은 대로 다 봤습니다. 하지만 좋은 건 딱 점심밥을 먹었을 때까지였습니다.

언니가 볶음밥을 만들어 줬습니다. 감자와 양파, 햄, 계란을 넣고 만든 볶음밥은 맛있었습니다.

"자, 내가 볶음밥을 만들었으니까 이제 마무리는 네가 해. 깨끗하게 잘 치워야 해."

　민아는 자신 있게 고개를 끄덕이고 부엌에 들어갔습니다. 부엌엔 감자 껍질, 양파 껍질, 햄 포장지, 계란 껍데기가 여기저기 어지럽게 쌓여 있었습니다. 볶음밥을 하는 데 이렇게 많은 그릇이 필요했나 싶게 그릇도 잔뜩 나와 있었습니다.

　짜증이 났지만 꾹 참고 부엌을 정리하고 설거지를 했습니다. 언니 방에 가 보니 언니는 전화로 친구와 수다를 떠느라 정신이 없습니다.

　저녁이 되자 언니는 청소기를 돌리기 시작했습니다. 민아를 불러 이것 치워라 저것 치워라 잔소리를 잔뜩 하면서요. 그리고 청소기를 그대로 둔 채 방으로 들어갔습니다.

"청소기 제자리에 갖다 두고 마무리 잘해. 알았지. 참, 쓰레기통도 다 비워 놓고."

민아는 엄마가 보고 싶었습니다. 언니는 잘난 척하면서 허드렛일은 모두 민아만 시킵니다.

다음 날, 드디어 엄마 아빠가 돌아왔습니다.

"잘하고 있었지?"

"그럼 당연하지. 내가 밥하고 청소하고 다 했어. 민아도 잘 봤고."

민아는 기가 막혔습니다. 언니는 모든 일을 혼자서 한 것처럼 말합니다. 온갖 허드렛일은 민아한테 다 시켰으면서요.

"민아도 잘하고 있었지?"

"언니는 밥하고 청소한다면서 뭐가 필요하니 사 와라, 쓰레기통 비워라, 음식물 쓰레기 갖다 버려라, 설거지해라, 빨래 개라 하면서 온갖 허드렛일은 다 나한테 시켰어. 나 너무 힘들었단 말이야!"

민아가 말했습니다. 갑자기 민아 눈에 눈물이 고였습니다.

예) 신데렐라는 그 어떤 허드렛일도 마다하지 않았다.

후원 後援   뒤에서 도와줌.

두 친구

어느 무더운 여름, 한 소년이 푸른 호수 속으로 뛰어들었어요. 수영을 하며 놀 생각이었죠. 하지만 물이 너무 차가웠어요. 소년은 심장마비로 허우적거리다가 물에 빠졌답니다. 지나가던 농부가 그 모습을 보았어요. 농부는 곧장 물속으로 뛰어들어 소년을 구해 주었답니다.

다음 날, 훌륭한 차림새를 한 귀족 남자가 농부의 집을 찾아 왔어요. 소년의 아버지였어요. 귀족은 아들을 구해 준 보답을 하고 싶었어요. 하지만 농부는 당연한 일을 한 것뿐이라면서 사양했답니다. 그러자 귀족은 농부의 아들을 보며 말했어요.

"우리 아들과 비슷한 또래로 보이는군. 어떤가? 내가 자네 아이를 후원해 줄 테니 공부를 시켜 보지 않겠는가?"

농부의 집안은 매우 가난해서 공부를 하고 싶어도 누군가의 후원이 없다면 공부를 계속할 수 없는 상황이었죠.

그 후 농부의 아들은 귀족의 후원을 받아 열심히 공부했답니다. 농부의 아들은 귀족의 아들과도 친해졌답니다. 서로가 서로를 응원하고 격려하면서 두 아이는 우정을 쌓아 갔답니다.

　농부의 아들은 런던 의과대학에 진학하게 되었습니다. 귀족의 아들은 정치계로 발을 내디뎠지요.

　그로부터 수년이 흐른 후 제2차세계대전이 일어났습니다. 영국 수상이 된 귀족의 아들은 하필 막중한 책임을 안고 있던 이 시점에 그만 폐렴에 걸리고 말았습니다. 목숨이 오락가락하다는 소식을 들은 농부의 아들은 자신이 연구하던 약을 보냈어요. 페니실린이라는 세계 최초의 항생제이지요. 귀족의 아들은 농부의 아들이 만든 페니실린으로 폐렴을 이겨 낼 수 있었답니다.

　농부의 아들은 1945년 노벨 의학상을 받은 알렉산더 플레밍이고, 귀족의 아들은 영국의 수상인 윈스턴 처칠이랍니다.

　귀족의 후원이 없었더라면 "기적의 약"이라고 불리는 항생제, 페니실린도 없었을 것이고, 페니실린이 없었더라면 윈스턴 처칠도 폐렴이 걸렸을 때, 살아나지 못했을 거예요.

　어린 시절, 우연한 기회로 마주친 두 사람의 인연이 참으로 신기하지 않나요?

　　예 고아 소녀 주디는 키다리 아저씨의 후원으로 대학에 진학할 수 있었습니다.
　　비 원조 | 지지

북멘토 초등 교양 도서

인물의 삶을 통해 느끼고 질문하는,
초등학생을 위한 맨 처음 인문학!

질문으로 시작하는 초등 인문학

오늘·최미선 글 | 이형진 그림

이야기로 풀어낸 놀라운 정보, 재미난 실험으로
교과서 안과 밖을 넘나드는 생생 과학 수업!

스토리텔링 초등 과학 교과서 (전2권)

박연미 글 | 박경민 그림 | 김현민 감수

1권 물리, 화학 편
2권 생물, 지구과학 편

역사, 외우지 말고 마음에 담아 볼까?

스토리텔링 초등 한국사 교과서 (전3권)

초등역사교사모임 글 | 경혜원 그림 | 이인석 감수

1권 선사 시대부터 후삼국 시대까지
2권 고려 시대부터 조선 후기까지
3권 동학 농민 운동부터 현대까지

★ 2014 상반기 소년조선일보 기획연재

우리 아이를 융합 인재로 키우는
교과서 속 미술관

스토리텔링 초등 미술 교과서

김정숙 글 | 최경진 그림

★ 2014 세종도서 교양부문 선정작
★ 2014 아침독서 추천도서